AF606195

LAS RAÍCES DEL CLERICALISMO

Acerca de la herida narcisista

Manuel García Hernández

LAS RAÍCES DEL CLERICALISMO

Acerca de la herida narcisista

DESCLÉE DE BROUWER
BILBAO

© EDITORIAL DESCLÉE DE BROUWER S. A., 2025
Henao, 6 – 48009 Bilbao
www.edesclee.com
info@edesclee.com

Impreso en España – Printed in Spain
ISBN: 978-84-330-3293-5
Depósito Legal: BI-00073-2025
Impresión: Itxaropena S. A. - Zarautz

Les encanta pasearse con amplio ropaje
y que les hagan reverencias en las plazas,
buscan los asientos de honor en las sinagogas
y los primeros puestos en los banquetes;
y devoran los bienes de las viudas
y aparentan hacer largas oraciones.
Esos recibirán una condenación más rigurosa.

(Marcos 12, 38-40)

ÍNDICE

PREFACIO

Llegó con tres heridas: la del amor,
la de la muerte, la de la vida.
(Miguel Hernández)

El mito griego de Quirón bien puede responder al arquetipo de un modelo de terapeuta conocido como el «sanador herido». Esta figura, adiestrada en el verdadero arte de la curación, se va abriendo paso –afortunadamente– en nuestra sociedad, entre médicos, psicólogos y espirituales. Conoce y aplica las técnicas profesionales reconocidas por la ciencia, pero va más allá de ellas. Gracias a que la herida emocional del paciente conecta con la suya, es capaz de generar un movimiento empático, profundamente humanitario, que resulta sanador para ambas partes. En esto radica el don y el arte del terapeuta.

Cuenta el mito que el centauro Quirón fue fruto del desafortunado encuentro del dios Cronos, transformado en caballo, con la ninfa Filira. Ambos progenitores abandonaron al recién nacido centauro; la madre lo hizo horrorizada al ver la criatura monstruosa que había alumbrado.[1] Apolo y Atenea adoptaron al centauro, enseñándole todas las artes, lo que le convirtió en un ser sabio y

1. La herida del abandono temprano de los padres, en muchos casos, la arrastra el hijo toda la vida.

sensible. Sin embargo, Quirón sería víctima de una segunda herida, cuando, accidentalmente, Hércules lo alcanzó en una pata trasera con su lanza envenenada, provocándole una dolorosa lesión que nunca cerraría. No obstante, su dolor se aliviaba cuando curaba a los demás. De este modo, llegó a ser un excelente médico y cirujano, al que acudían héroes y dioses para ser sanados de sus dolencias. «Quirón» significa «el que tiene el don de curar con las manos», y de él proviene la palabra «quirófano» o lugar de curación. El mito contiene valiosas claves hermenéuticas que conviene retener. Por una parte, la figura del centauro apunta a la integración de la parte instintiva y humana de toda persona, representada por la unidad animal-hombre. Por otra, nos enseña que el reconocimiento, aceptación e integración de la propia vulnerabilidad herida se transforma en capacidad sanadora para uno mismo y para los demás. El paradójico resultado es que la desgracia propia se transmuta –como en una especie de proceso alquímico– en el mejor de los dones.

El «sanador herido» puede traer a la memoria la enigmática figura bíblica del *Siervo sufriente*, que con tanta fuerza relata el profeta Isaías: «Él soportó nuestros sufrimientos y aguantó nuestros dolores… Sus heridas nos han curado» (Is 53, 4-5). Imagen sobrecogedora que alcanza su correlato en un himno cristológico del siglo primero, referido a Jesús y su pasión: «Cargado con nuestros pecados en su cuerpo hasta el leño, para que muertos al pecado vivamos para la justicia. Sus heridas nos han curado» (1 Pe 2, 24).

Parece, pues, que la vida nos empuja a aceptar como principio sabio esta paradoja existencial que se encarna en cada ser humano: que el sanador está a su vez herido, y solo desde sus heridas puede ofrecer sanación a quien la busca. Por tanto, la plenitud que anhelamos –a veces a tientas– solo será posible si previamente reconocemos e integramos nuestra propia vulnerabilidad y carencia. La religiosa Lola Arrieta lo expresa en los siguientes términos: «Si acogemos las heridas como algo inevitable, Dios puede aparecer en forma de oportunidad, si nos resistimos, pasarán factura con intereses»[2]. También Henri Nouwen formuló con acierto, en el caso del ministro ordenado, esta dimensión curativa de las heridas:

> El servicio (del ministro) nunca será percibido como auténtico, si no procede de un corazón herido por el mismo sufrimiento del que habla. Nada puede escribirse sobre el ministerio sin una profunda comprensión de las formas en las que el ministro puede convertir sus propias heridas en fuente de curación.[3]

El imaginario mitológico griego también ofrece otra leyenda muy diferente a la de Quirón. Se trata del mito de Narciso, el joven tan ensimismado por su arrogante imagen engrandecida, que vivía solo para sí mismo. Su egocentrismo le impidió acoger el amor que le profesaba la ninfa Eco, la cual quedó consumida en su propia desolación. Narciso fue castigado por su engreimiento, perdiendo la vida en un estanque, al querer abrazar su propia imagen reflejada de la que se había enamorado. El mito expresa muy bien la ceguera del narcisista endiosado, que acaba equivocando el sentido de su vida en aras de la vanidad y dañando a los demás hasta extremos insospechados. La ninfa Eco, de la que solo quedó el leve sonido final de su lamento (el eco), encarna en el mito el destrozo emocional al que puede llegar la víctima del narcisista, sobre todo cuando sus grados de malignidad alcanzan el llamado «trastorno narcisista de la personalidad» o «narcisismo maligno». Los niveles de narcisismo que se están dando en la sociedad occidental, potenciadora del individualismo y el culto a la imagen, resultan preocupantes, hasta el punto de asegurar sociólogos y terapeutas que nuestra cultura está padeciendo una auténtica «pandemia narcisista».

El narcisismo también se manifiesta bajo formas religiosas, que llegan a afectar a una parte del clero de la Iglesia, conociéndose este fenómeno con el nombre de «clericalismo», el cual encuentra su raíz en las dimensiones oscuras del inconsciente personal

2. L. Arrieta, *«Sus heridas nos han curado» Is 53,5. Conflictiva afectivo-sexual en la opción de amor célibe*. Inst. Teológico Vida Religiosa, 33, Vitoria, 2001, 7.
3. H. Nouwen, *El sanador herido*, PPC, Madrid, 1996, 8.

y colectivo de líderes religiosos. El clericalismo está siendo cada vez más reconocido en la Iglesia –especialmente entre sacerdotes jóvenes– bajo estilos de superioridad que pueden desembocar en formas autoritarias y abusos de poder. C. G. Jung llamó a esa oscuridad arquetípica «sombra»[4], que, si no es reconocida e integrada, tiende a proyectarse en los demás de forma dañina. Este fenómeno da la razón al dicho atribuido a san Jerónimo: *corruptio optimi pessima* («la corrupción de lo mejor acaba siendo lo peor»). El jesuita Diego Molina sitúa los orígenes históricos del clericalismo entre los siglos III y IV, cuando la Iglesia llegó a comprenderse a sí misma únicamente desde los ministros.[5]

El papa Francisco es muy consciente de la problemática del clericalismo en la Iglesia actual y de los males que se derivan del mismo. Una característica importante del presente pontificado es la denuncia sistemática que Francisco realiza de este fenómeno eclesial, que parece ir en aumento, y que se incuba también en seminarios y casas de formación. Algunas de las expresiones del pontífice sobre esta cuestión son claras y contundentes: «Cuando falta la profecía, el clericalismo ocupa su lugar, el rígido esquema de la legalidad que cierra la puerta en la cara del hombre»[6], «El clericalismo es una perversión de la Iglesia. Es el que crea la rigidez. Y debajo de todo tipo de rigidez hay podredumbre. Siempre»[7], «El ministro que se hace clerical, con actitud clerical, se ha equivocado de camino; peor aún son los laicos clericalizados. Cuidé-

4. Jung dijo acertadamente: «Cada uno de nosotros proyecta una sombra tanto más oscura y compacta cuanto menos encarnada se halle en nuestra vida consciente. Esta sombra constituye, a todos los efectos, un impedimento inconsciente que malogra nuestras mejores intenciones», C. Zweig y J. Abrams (ed.), *Encuentros con la sombra. El poder del lado oscuro de la naturaleza humana*, Kairós, Barcelona, 1994, 32.
5. Cf. D. Molina, «El clericalismo y los abusos de poder: un problema estructural en clave eclesiológica y jurídica», en F. J. Navarro (ed.), *Los abusos de poder, conciencia y autoridad en la Iglesia*, Comillas, PPC, 2023, 53-75.
6. Homilía del 16 de diciembre, 2013, en *obispadoalcala.org*, consultado el 13/7/2023.
7. Entrevista para la TV italiana, 2 de febrero, 2022, en *misionerosafrica.com*, consultado el 21/8/2023.

monos de esta perversión del clericalismo».[8] El papa, dirigiéndose recientemente a los sacerdotes de Roma, asocia clericalismo con «mundanidad espiritual», «intransigencia doctrinal» y «esteticismo litúrgico»[9]. En este sentido, resulta sintomática la visita realizada desde Roma a los seminarios de España en los primeros meses del año 2023, a la que posteriormente ha seguido el encuentro de los obispos españoles con el papa y el Dicasterio del Clero sobre los seminarios, donde los temas abordados no han sido ajenos a esta cuestión. Sin embargo, y a pesar de las insistentes advertencias de Francisco, en ciertos sectores eclesiales parece que el talante clerical está cada vez más presente. Martín Velasco ya lo advertía desde mediados de los años 70, señalando: «un cambio en la orientación pastoral que tiene uno de sus puntos firmes en el restablecimiento de la clericalización de la Iglesia».[10]

En el presente libro trataremos de analizar la raíces psicológicas y espirituales en las que parece asentarse el clericalismo, proponiendo al final posibles salidas que ayuden a sanar en su origen las actitudes clericales del líder religioso. Se abordará especialmente desde la perspectiva de los sacerdotes, aunque también pueden quedar incluidos otros ministros de la Iglesia y personas consagradas (religiosos y religiosas) que, bien por forma de ser o por el cargo que ocupan, pueden desarrollar este tipo de talante.

El contenido de estas páginas es resultado, en parte, de la experiencia personal, tanto de indagación en la propia biografía –en un intento de acoger las heridas personales y superar autoengaños complacientes–, como del acompañamiento a seglares, religiosas y algunos sacerdotes. Nos parece imprescindible, en el tema del acompañamiento, una adecuada integración entre psicología y religión/espiritualidad, pues está claro que no somos seres divididos. Necesaria la relación simbiótica entre ambas, pero sin «mezcla ni

8. Homilía en san Pedro, 29 de junio, 2022, en *vatican.va*, consultado el 10/8/2023.
9. Carta del papa Francisco a los sacerdotes de Roma, 7 de agosto, 2023, en *vaticannews.va*, consultado el 21/8/2023.
10. J. Martín Velasco, *El malestar religioso de nuestra cultura*, Paulinas, Madrid, 1993, 115.

confusión». Resulta prometedor, a día de hoy, poder comprobar que, en general, el tradicional distanciamiento entre psicología y religión parece ir acortándose, en favor de un sincero diálogo entre *psique* y *pneuma*.

En el presente texto no se oculta la querencia personal por el *símbolo* y su fuerza reveladora del carácter sagrado de la existencia, pues la expresión simbólica va mucho más allá del concepto, por ser lenguaje del alma y porque Dios es símbolo para nosotros en esta vida. Por estos motivos, las corrientes terapéuticas nacidas del tronco de la *Psicología analítica* de C. G. Jung y sus *arquetipos*, son acogidas con una especial predilección, pues ofrecen imágenes del inconsciente personal y colectivo que, al ser reconocidas, ayudan a sanar.[11] Por otra parte, y a lo largo de estas páginas, se insiste en que muchas desviaciones y patologías que se manifiestan en la vida adulta encuentran su génesis en heridas tempranas de la infancia –especialmente en las relaciones primeras con los progenitores–, por lo que se hace necesaria la indagación en los orígenes de la persona. El lector encontrará reiteradamente este planteamiento a lo largo del texto que, por otra parte, es coincidente con las ideas de muchos terapeutas. Tales heridas, a menudo olvidadas o negadas, suelen ocultarse bajo capa de falsa seguridad y prepotencia; esto ocurre –sin duda– en el binomio *clericalismo-narcisismo*, tema central de este libro, que se aborda específicamente en el capítulo IV. No llegar a reconocer ni aceptar de adultos dichas quiebras pasará siempre dolorosas facturas; entre otras, la del autoengaño, como mecanismo de defensa y represión, y potenciará la tendencia compulsiva a la autoafirmación arrogante, tan característica del narcisista, que pagarán dolorosamente los demás.

Puesto que el sacerdote es la figura principal de esta obra, parece oportuno dedicar un capítulo (III) a los tipos más importantes de identidades que forman el imaginario religioso, con vínculos

---

11. En esta línea junguiana, se aborda, en el capítulo II de este libro, el arquetipo «sombra» personal y colectiva y sus consecuencias negativas al proyectarse sobre los demás, como mecanismo de rechazo de la propia oscuridad. Puesto que la sombra es un *alter ego* que crece a la vez que el «yo», se dedica el Capítulo I a los «yoes» que coexisten en la persona.

entre ellas: místicos, profetas y sacerdotes. Al final (capítulo V), abordaremos el tema de la espiritualidad, como proceso necesario, pero difícil, en la superación del narcisismo clerical. La aportación actualizada de la mística cristiana ofrece unas claves de sanación psicoespirituales de gran acierto y profundidad. La necesidad de pasar por una crisis existencial profunda, como única posibilidad que derrumbe el autoengaño clerical, encuentra en las enseñanzas de san Juan de la Cruz sobre la «noche oscura» una ayuda inestimable. El paso por la «noche» ofrece, por una parte, claves actuales de descentramiento del yo religioso autosuficiente y, por otra, permite desmontar imágenes infantilizantes de Dios, propias de la omnipotencia narcisista-clerical.

Sin poner en duda la existencia de sacerdotes que viven una experiencia de fe cristiana auténtica, integrada en sus dimensiones personales y ministeriales, con un equilibrio humano y espiritual saludable y unificado, no es menos cierto que, en las últimas décadas, se constata que la salud psíquico-espiritual de una parte significativa del clero no es del todo satisfactoria. Martín Velasco tuvo la lucidez y la valentía de reconocer y diagnosticar, a comienzos de los años 90 del pasado siglo, esta situación poco saludable, como expresión del malestar de la Iglesia actual.[12] Si añadimos los escándalos graves de los abusos sexuales en la Iglesia, entre otros, estamos tomando conciencia de que la mermada salud psicoespiritual de una parte de ministros ordenados es un hecho que urge reconocer y tratar de sanar. En este sentido, es justo admitir la valiosa aportación que diferentes autores, desde distintos ámbitos, están llevando a cabo para esclarecer el tema que nos ocupa. Sobre las crisis que actualmente se percibe en los pastores de la Iglesia y la incidencia del clericalismo, se van incrementando los escritos que arrojan luz sobre dicha situación eclesial.[13]

12. MARTÍN VELASCO, *o.c.*

13. Durante la escritura avanzada del presente libro, hubo ocasión de conocer la siguiente obra, que ha supuesto una gran aportación: C. BARRIONUEVO, *Una Iglesia devorada por su propia sombra. Hacia una comprensión integral de la crisis de los abusos sexuales en la Iglesia católica*, Uah, Ed., Chile, 2021. En este interesante estudio, su autor analiza entre otros temas: la sombra

Aceptamos que algunas ideas contenidas en estas páginas pudieran resultar chocantes, incluso perturbadoras para algunos creyentes y ministros. Asumimos esa posibilidad desde el respeto que merece todo posicionamiento procedente de la buena voluntad, aunque difiera de los planteamientos aquí expresados. Nunca hay que olvidar que el acceso a un mayor grado de verdad solo es posible desde el encuentro respetuoso con otras visiones, lo que necesita siempre de un sincero diálogo. No obstante, si los planteamientos que aparecen en este libro contribuyeran en alguna medida a descubrir los autoengaños religiosos y clericales que impiden una mayor vivencia del mensaje evangélico, daríamos por bien empleado este trabajo. Esa sería la mejor recompensa de haberlo escrito.

---

del clérigo y de la institución eclesiástica, el narcisismo y el clericalismo, cuestiones que se esconden en el trasfondo de los abusos sexuales cometidos por clérigos. Son también muy significativos los recientes trabajos en lengua española: A. Cencini, *¿Ha cambiado algo en la Iglesia después de los escándalos sexuales?*, Sígueme, Salamanca, 2022. G. Daucourt, *Sacerdotes rotos*, Sígueme, Salamanca, 2023. G. Daucourt, *et al.*, *Cuatro miradas sobre las heridas de los sacerdotes*, Sal Terrae, Santander, 2023. J. A. Ávila, *El cansancio del clero. Un reto para hoy y para el futuro*, PPC, Madrid, 2023.

I

LA INDIVIDUACIÓN DEL YO: DE LA IDENTIDAD EGOICA A LA ESPIRITUAL

Hay un «yo soy» que se nombra y se construye,
que se refleja en el espejo,
y un «yo soy» que atraviesa el espejo.
(Roberto Longhi)

A lo largo de la historia, el ser humano se ha esforzado en tratar de responder a la pregunta ¿quién soy yo? Los sistemas filosóficos y las tradiciones religiosas han abordado siempre esta cuestión, como algo esencial de sus reflexiones y principios. A esta inquietud, se unieron más adelante los conocimientos de las ciencias humanas. La psicología moderna –en sus distintas corrientes– no solo se interesa por esta pregunta, sino que se esfuerza en descubrir el proceso de formación de ese «yo», sus distintas dimensiones constitutivas y los entresijos complejos de su funcionamiento, que se suelen localizar en los sustratos ocultos del inconsciente. A esta labor, han venido a sumarse las aportaciones de las tradiciones de Oriente, cada vez más incorporadas en nuestra cultura occidental, que, desde un necesario diálogo, pueden resultar enriquecedoras. Por si fuera poco, los descubrimientos del emergente paradigma de la física cuántica –referidos a energía, mente y consciencia– parecen sintonizar con las experiencias psico-espirituales que los místicos nos han venido transmitiendo desde hace siglos.

A la luz de estos planteamientos, parece que el «yo» es una realidad compleja que incluye, al menos, dos dimensiones fundamentales que son constitutivas de la persona: un *yo psicológico* y un *yo espiritual.* Al yo psicológico se le viene llamando *ego*, término muy utilizado en la actualidad, aunque no siempre bien precisado y definido. La identidad psicológica o ego constituye nuestra personalidad, y se ha ido construyendo por medio de sucesivas identificaciones con el cuerpo, los pensamientos e ideas y las emociones. El filósofo Vicente Merlo dice al respecto:

> Por eso podemos decir que la identidad psicológica es, en el fondo, una «identidad egoica», una «identidad egocentrada»... En este caso, el ego puede caracterizarse como esa construcción psíquica, construida por un conjunto de patrones mentales, patrones emocionales y patrones conductuales que se han ido afianzando a lo largo de nuestro proceso de desarrollo personal... En cuanto a su función, el ego resulta ser el centro coordinador de todas las actividades de la personalidad..., o eso parece.[1]

Sin embargo, aunque la mayoría de las personas puedan estar identificadas solamente con su ego, es posible vivir desde otra dimensión, más profunda, auténtica y trascendente, que da mayor sentido a la existencia, a la que podemos llamar *espiritual*. Existe, pues, en todo ser humano un yo espiritual que va más allá de toda identificación, y que constituye nuestra verdadera identidad, a diferencia del ego que es solo una identidad operativa. Desde la tradición cristiana, podemos identificar este yo espiritual con la expresión paulina «hombre nuevo», contrario al «hombre viejo» o yo egoico. Otras tradiciones se refieren al primero con diferentes denominaciones, tales como: *ser, yo esencial, yo verdadero, yo consciente*... Ambas dimensiones –egoica y espiritual– no son para nada excluyentes; todo lo contrario, han de estar integradas. La necesidad de ir más allá del ego, para que no se crea el único y verdadero yo,

1. V. Merlo, *Buscadores de sentido. La guía del explorador psicoespiritual*, La Llave, Barcelona, 2022, 199.

pasa por ser asumido –sanado e incorporado– en una unidad indivisible, personal, sagrada, que nos ha sido confiada.

No es posible desarrollar un verdadero yo espiritual sin la tarea de reconocer, sanar e integrar las heridas que están grabadas en la dimensión psíquica de la persona. Por tanto, no se trata de «matar al ego», de rechazarlo, como parecen apuntar algunas corrientes espirituales (quizás se refieran con esta expresión a los aspectos egoicos más oscuros o dañinos), sino de reconciliarnos con él y poder incorporarlo trascendido. Conviene tener siempre presente que el ego es un gran servidor, un mecanismo de defensa necesario, que regula el mundo cognitivo y emocional en la cotidianidad, pero que no debe convertirse en el dueño de la persona, y esto ocurre cuando nos identificamos exclusivamente con él. En este sentido, existe hoy un mayor acuerdo en considerar que el trabajo de sanación del ego puede desembocar en un espacio de consciencia superior no egoica; es decir, puede posibilitar el encuentro con el yo espiritual. A su vez, todo camino espiritual conduce a la desidentificación con el ego, pues somos mucho más que nuestra dimensión psíquica. Pero este proceso tiene como punto de arranque dicha estructura, cuyas profundas raíces inconscientes han de ser reconocidas y asumidas con ayuda de un trabajo psicológico.

1. La formación del yo psicológico (egoico) y su funcionamiento

Complejos y asombrosos resultan ser los procesos biológico-instintivos y biográficos que conducen a la individuación de un ser humano en los primeros años de la vida. Dinamismos vitales que, en su rica interconexión, resultan ser únicos e irrepetibles en cada persona. Búsquedas instintivas de supervivencia, dolorosas despedidas de la fusión materna, relaciones parentales que dejarán huella para toda la vida, primeros atisbos de identificaciones mentales... En definitiva, toda una abigarrada constelación de impulsos, aprendizajes y afectos, que alcanzan una de sus primeras metas cuando el niño dice por primera vez «yo soy», «yo quiero» o «esto es mío».

Sin embargo, sin perder de vista tal complejidad, las ciencias humanas también permiten sintetizar este proceso en unas fases generales que compartimos todos en la configuración de la personalidad. Dichas fases van generando en el individuo una desconexión progresiva del *alma* (verdadera identidad), y pueden ser interpretadas como inevitables retos o umbrales a superar en el camino hacia la individuación. Se podrían resumir en tres. ¿Por qué no llamarlas heridas?, al fin y al cabo dejan una huella indeleble –a veces cicatriz– en el psiquismo humano. El filósofo Josep M. Esquirol no duda en hablar de «herida infinita» o *conmoción* que nos pasa y traspasa hasta llegar al más «profundo centro del alma», en palabras de san Juan de la Cruz.[2] La apertura de la herida infinita permite la entrada de la luz que nos constituye en seres abiertos a la trascendencia. «Llegamos con tres heridas», parafraseando el bello poema de Miguel Hernández.

La primera herida es la separación. El bebé ha de abandonar la fusión simbiótica con la madre. Esta impronta quedará grabada en los estratos más básicos y primarios de nuestra personalidad, reclamando su recuperación en el adulto a través de experiencias de intimidad –no siempre acertadas– o de reencuentro con el alma. La herida se produce físicamente nada más nacer, con el corte del cordón umbilical y su consecuente cicatriz. Todo un símbolo anticipatorio de la dolorosa herida emocional que ocurrirá poco después, cuando el bebé se vaya experimentando realmente separado. A partir de aquí, el pequeño percibe de una manera más viva sus sensaciones físicas, desarrollando a la vez la capacidad de establecer límites. La piel constituye la frontera de la separación que conduce a la identificación con su propio cuerpo. La experiencia de ser separado genera interiormente en la psique una sensación de vacío, deficiencia y fragilidad, expresión del comienzo de la desconexión con el alma, que empieza a generar el ego.

La segunda herida es generada por la relación ambivalente con los progenitores. Los padres hacen de espejo donde el niño aprende

2. «La Herida. Entrevista a Josep María Esquirol», *Cristianisme i Justicia*, anuario 1, Barcelona, 2022, 6.

a reconocerse a sí mismo, copiando de ellos. Sin embargo, los padres –y posteriormente otras figuras parentales– no siempre vivencian su ser espiritual; por lo cual, el pequeño se ve obligado a reflejar en su psique la personalidad de ellos. En consecuencia, las figuras parentales transmiten al niño espontáneamente la visión que ellas tienen del mundo y sus posicionamientos ante la vida. Se forma así la segunda capa egoica que configura la personalidad. Por consiguiente, la imagen interna que el niño construye es la trasmitida por los progenitores, imagen que es proyectada al exterior. Muy probablemente, a partir de aquí, y en bastantes casos, lo externo, material y físico, se acaben experimentando como las dimensiones más importantes de lo real. Volveremos sobre este tema a continuación, dada su importancia en la vida adulta.

La tercera herida es la de la mente que se apropia de la identidad del yo. A medida que el niño desarrolla el uso de razón, las experiencias vividas se van incorporando a la mente en forma de discurso. Con ellos –mente y discurso–, el pequeño se identifica en torno a los siete años de edad. La tercera capa fundamental del ego es, por tanto, la identificación con la mente, con la que la personalidad suele funcionar el resto de la vida. La actividad mental lleva del pasado al futuro, oscilando entre miedos y deseos. De este modo, la mayor parte de las expectativas que se persiguen o se rechazan en la edad adulta son básicamente la manifestación, más elaborada y sofisticada, de dichos miedos y deseos creados en los primeros años.

Estas claves fundamentales parecen que ayudan a descifrar el origen de la estructura egoica y su progresiva desconexión del alma en el ser espiritual, la cual está presente desde el principio en el recién nacido, pero poco a poco va quedando suplantada por el ego. El yo psicológico es un patrón recurrente de pensamientos, emociones y acciones que determina que la personalidad se experimente separada y existente por sí misma. Dicho con otras palabras, el yo psicológico, identificado con la mente y su discurso, llega a creer que está viviendo la vida por el hecho de pensarla. Considera que su identificación mental es verdadera identidad, para ello refuerza sus mecanismos de defensa y separación, tales como la apropiación y apego, comparación y confrontación. La personalidad sobrevive entre miedos y deseos, que generan sufrimiento, sobre todo cuando el yo psicológico no consigue sus objetivos.

No es de extrañar que las tradiciones espirituales hayan considerado este proceso como una auténtica *caída ontológica* que afecta a todos. La tradición bíblica ofrece una sugerente lectura simbólica y sapiencial de esta realidad, que culmina con la expulsión de la humanidad primigenia del Edén (Gn 3). El relato del Génesis expresa, simbólica y sugerentemente, el mecanismo de apropiación propio del ego endiosado, que arrebata posesivamente la vida, representada por el fruto del árbol prohibido. Entonces, el hombre accede al conocimiento egoico, propio de la mente, que juzga y separa entre bien y mal. Las imágenes del *sueño* y la *ceguera* vienen a visibilizar simbólicamente este estado del yo meramente psicológico, reconocido en todas las tradiciones religiosas. El Nuevo Testamento dice lo mismo con la reiterada expresión: *pensar como los hombres y no como Dios*. Y san Pablo se refiere a esto de forma clara y contundente: «El hombre natural (psíquico) no capta lo que es propio del Espíritu de Dios, le parece una necedad; no es capaz de percibirlo, porque solo se puede juzgar con el criterio del Espíritu» (1Cor 2, 14).

El yo psicológico puede oscilar entre estados operativos sanos y otros patológicos y dañinos; en estos casos, se sumerge en las oscuridades de posesividad extrema, egolatría y depredación. Su hegemonía generalmente nos agita entre la *neurosis* y el *narcisismo*. Si la primera inocula sentimientos de culpa que, a menudo, se proyectan en los demás, el segundo incapacita para un auténtico conocimiento propio, eludiendo cualquier interpelación que pueda cuestionar la construcción egoica. Por otra parte, la actividad del ego está estrechamente vinculada con el *apego* a ideas mentales y a objetos, que proporcionan aparente seguridad e identidad. El psicoterapeuta John Welwood identifica apego con narcisismo:

> La actividad de aferrarnos de continuo a una identidad egoica es esencialmente narcisista, porque nos mantiene atados a una imagen de nosotros mismos...Si realmente queremos trascender toda implicación narcisista, debemos esforzarnos en superar nuestra identificación con cualquier cosa que creamos ser, con cualquier imagen de nosotros mismos en tanto que algo sólido, separado y definido.[3]

Ese yo psicológico puede ser también religioso; incluso, desde él, algunos se sienten llamados al sacerdocio. En estas situaciones –que pueden darse en los comienzos vocacionales– se hace necesario reconocer y sanar las trampas del ego, mediante un auténtico proceso que conduzca a vivir cada vez más desde un yo espiritual. Dicho de otra manera, es importante discernir si, so capa de «llamada del Señor», se esconden dimensiones egoicas poco maduras e incluso patológicas, que se deben reconocer y curar a lo largo de un sincero proceso de conversión evangélica. De no ser así, el yo psicológico mantendrá su hegemonía, mediante la absolutización de las características egoicas señaladas, ahora en el contexto religioso, bien sea el seminario, la casa de formación o la vida sacerdotal.

En el caso del sacerdote, si el yo psicológico es el que domina, probablemente aparecerán la mediocridad ministerial y el clericalismo en sus formas más comunes de «funcionariado eclesiástico». Jesús detecta con acierto esta situación: «El culto que me dan está vacío, porque la doctrina que enseñan son preceptos humanos. Dejáis a un lado el mandamiento de Dios para aferraros a la tradición de los hombres» (Mc 7, 7-8). Pero todavía más, el ego clerical puede deslizarse hacia zonas muy sombrías y patológicas, generando sufrimiento y escándalo. Los casos de abusos sexuales por parte de clérigos y los escándalos financieros vaticanos pueden interpretarse desde esta perspectiva tóxica de la psique personal y colectiva.

---

3. J. Welwood, *Psicología del despertar. Budismo, psicoterapia y transformación personal*, Kairós, Barcelona, 2002, p. 79.

2. La ambivalente relación parental en el proceso de individuación

Como ha quedado señalado, la relación con los padres en la temprana infancia resulta ser determinante en todo ser humano; también en el caso del sacerdote. Son cada vez más los autores, en el campo de la psicología y la espiritualidad, que encuentran una estrecha relación entre la vocación a la vida religiosa o al sacerdocio y los fuertes vínculos parentales del sujeto en sus primeros años. El amor primero comienza siempre con la madre, se aprende de ella, hasta el punto de que –en un primer estadio– solo si la relación con la madre está lograda, el niño estará capacitado para afrontar más adelante su propia vida. Dicho con otras palabras, solo si la madre reconoce las cualidades esenciales del hijo, mediante un amor incondicional, el pequeño podrá tener acceso a su propia alma; de lo contrario, los contenidos esenciales quedarán reprimidos, desconectándose el hijo de sí mismo para configurarse con el ego materno. No es necesario que el hijo pertenezca a una familia desestructurada para que ocurra esta quiebra, pues el amor incondicional de la madre puede quedar malogrado a menudo también en las familias llamadas «normales». Tal es el caso, por ejemplo, de la relación con una madre que no experimentó el amor de sus padres cuando era pequeña, por lo que resultará muy improbable que ella pueda transmitir a su hijo el amor que nunca recibió, aunque exteriormente el contexto familiar responda a patrones considerados «normales».

A partir de cierta edad, la madre debe facilitar el acceso del hijo a la presencia del padre. Este proceso de visibilizar al padre es siempre muy importante, tanto en el caso del niño como de la niña. Sin embargo, en el caso del varón resulta imprescindible, pues solo desde el acompañamiento y guía del padre o de otros varones, el hijo podrá tener acceso a su propia masculinidad. Esto requiere de una sana influencia paterna, lo que no será posible con un padre ausente. Es un hecho nada infrecuente que ciertos tipos de mujeres, debilitadas por diversas causas, y en el contexto de una relación poco satisfactoria o decepcionante con sus respectivos maridos, encuentren en el hijo varón la única «tabla de salvación» que alivie sus sufrimientos. De esta manera, el hijo permanece atrapado posesivamente en las redes maternas, quedando poco capacitado para abrirse al amor de otra mujer que no sea la madre, pues ella se lo prohíbe tácitamente de forma muy sutil. El origen de la homosexualidad masculina, tan complejo de dilucidar todavía por la psicología moderna, encuentra en este arquetipo de la *madre devoradora*, que cortocircuita el acceso al padre, una de sus posibles explicaciones. Pudiera ocurrir, en estos casos, que ese dinamismo referencial centrado exclusivamente en la madre se proyecte en la Santa Madre Iglesia, en el caso de un hijo religioso que se hace sacerdote. En este sentido, las siguientes palabras del jesuita y psicoterapeuta Carlos Domínguez, referidas a deseos equivocados y otros reprimidos, dan que pensar:

> Todo unos complejos procesos intervienen para que la emergencia del deseo quede suficientemente camuflada... Y lo que es peor, podemos hacer derivar nuestra vida por caminos que no son sino la expresión de deseos equivocados. Invadidos por el deseo de los otros podemos acabar ignorando cuáles son nuestros propios deseos. Aspiración a la vida religiosa, por ejemplo, que esquiva un anhelo más profundo y prohibido de permanecer por siempre ligado a la figura materna o de mantener al margen una afectividad orientada homosexualmente.[4]

En ciertas ocasiones, la institución eclesiástica también puede llegar a encarnar –por desgracia– el modelo de *madre devoradora*, cuando, desde una actitud omnipotente, impide, sobre todo al sacerdote previamente modelado por la posesividad materna, el encuentro con el «Padre en espíritu y verdad, porque el Padre

4. C. DOMÍNGUEZ, *Los registros del deseo. Del afecto, el amor y otras pasiones*, Serendipity Maior, Desclée De Brouwer, Bilbao, 2001, p. 42.

desea que lo adoren así» (Jn 4, 23).[5] Tradicionalmente la Iglesia ha alabado el papel decisivo y ejemplar de la madre en la vocación del hijo sacerdote. Seguro que esto ha sido así de meritorio en bastantes casos. Sin embargo, los aspectos sombríos de la madre, conducentes a la llamada al sacerdocio del hijo, han sido auténticos *puntos ciegos*, irreconocibles en la mayoría de los casos por la institución eclesiástica. Las consecuencias negativas de identificaciones parentales las expresan Zweig y Wolf de este modo: «Pero, en cualquiera de estos casos, cuando el niño se identifica con los sentimientos de superioridad o inferioridad de los padres, su alma se verá siempre mutilada».[6]

Todo trabajo terapéutico –psicológico y espiritual– del adulto ha de abordar las primeras relaciones con los padres, a menudo complejas y soterradas bajo el inconsciente. No deja de resultar sorprendente que el pediatra y psicoterapeuta Donald Winnicott considere que, en la sociedad occidental, en la que en el ámbito familiar se suele educar a los hijos en el *hacer* y *tener* y no en el *ser*, solo un 30% aproximado de los niños reciben de sus padres el suficiente amor incondicional, necesario para desarrollar una madurez emocional estable.[7] Muchos problemas en la vida adulta, que se manifiestan en forma de síntomas, encuentran su origen en la relación problemática con alguno de los progenitores. Solamente si se llegan a reconocer las heridas, causa de vulnerabilidad

5. Lo dicho aquí sobre este tipo de varón –que puede incluir a un cierto número de sacerdotes–, responde al tipo que la escuela junguiana denomina «hijo de la madre». Se trata de un modelo de hombre sensible, inclinado a la espiritualidad y al arte, retraído y de alma juvenil (*puer aeternus*), siendo Ícaro el personaje mitológico que lo representa, por su tendencia ingenua a «irse por las nubes». La maduración del *puer aeternus* pasa por la incorporación e integración de las dimensiones masculinas del padre, que están reprimidas por causa de la madre. El «hijo de la madre» debe potenciar, en su crecimiento personal, la actitud de compromiso y responsabilidad con los demás y enfrentar con decisión las tareas de la vida. C., Zweig y S., Wolf, *Vivir con la sombra. Iluminando el lado oscuro del alma*, Kairós, Barcelona, 2004, pp. 111-115.
6. *Ibíd.*, 81.
7. En A. Gruen, *El extraño que llevamos dentro. El origen del odio y la violencia en las personas y las sociedades*, Arpa, Barcelona, 2019, 143.

y carencia, será posible su integración y curación. Volveremos en sucesivos capítulos sobre estos temas que, de unas formas u otras, aparecen como hilos conductores de esta obra, pues, en el caso de sacerdotes, inciden en el origen del clericalismo.

3. El yo espiritual: nuestra verdadera identidad

No son pocos los pensadores que coinciden en señalar que estamos asistiendo a un salto cualitativo en la consciencia de la humanidad. Ya se produjo uno en la antigüedad, llamado «primer tiempo axial», resultado de la emergencia de sabidurías filosóficas y espirituales de unos pocos pensadores pertenecientes a culturas distintas. Este nuevo cambio o «segundo tiempo axial» está teniendo un carácter más global. Parece que la sociedad occidental empieza lentamente a despertar del sueño del ego hegemónico –personal y colectivo–, para acceder a un yo más humanizado y compasivo, que se deja alumbrar por la sabiduría de las tradiciones espirituales. Se trata todavía de un vislumbre, pero ya apunta a su realización.

Este alumbramiento es un proceso, no siempre fácil ni rápido, cuyos ritmos personales y comunitarios deben ser respetados. Dicho desarrollo consiste, fundamentalmente, en pasar de la pulsión de apropiación del ego a la actitud de donación propia del ser espiritual. Es decir, se trata de transformar la voracidad individualista en actitud de ofrenda comunitaria. A este recorrido, el cristianismo de Oriente, ya en los primeros siglos, lo llamó *deificación* o *cristificación* (Ef 4, 1-13). Es un camino arduo, pues al ego no le interesa la *deificación* sino el *endiosamiento*. Por tanto, no sería errado decir que este segundo tiempo axial tiene mucho que ver con el acceso al yo espiritual.

El yo espiritual manifiesta vivencialmente lo que en el cristianismo occidental hemos llamado *alma*. Sin embargo, el Oriente cristiano distingue entre alma y espíritu, ya que, en base a una antropología tripartita, reconoce tres dimensiones constitutivas del ser humano: cuerpo (*soma*), alma (*psique*) y espíritu (*pneuma*). En esta tradición, el espíritu humano es el que conoce al Espíritu de Dios y entra en comunión con Él (Rom 8, 16). En ambas visiones antropológicas, el yo espiritual corresponde al término paulino «hombre nuevo» o verdadera naturaleza de la persona, y en él reside su identidad esencial, el espacio en que habita Dios. Muchos místicos llaman a este habitáculo «centro del alma» o «más profundo centro». De aquí, la conocida invocación al Espíritu Santo: «Entra hasta el fondo del alma divina luz y enriquécenos, mira el vacío del hombre si Tú le faltas por dentro...».

Si el yo psicológico (egoico) necesita vagar del pasado al futuro para tener sensación de identidad, el yo espiritual se reconoce presente en el *aquí y ahora*, un estado habitual que se va posibilitando mediante la ejercitación de actos de presencia. Diferentes corrientes espirituales, sobre todo orientales, vienen a identificar la *Presencia* con el mismo Dios; presencia que constituye nuestro verdadero hogar, la realidad interior consciente y espaciosa donde nos encontramos a salvo. En la tradición cristiana, dicha *Presencia* mantiene una tensión entre *cumplimiento* y *espera*, pues el «Yo soy» de Dios (Ex 3, 14) remite al que será en nosotros. Por otra parte, no es infrecuente escuchar hoy la expresión *volver a casa*, como metáfora del camino espiritual, cuya meta es la unión con Dios. Visto más bien desde la perspectiva oriental, el itinerario espiritual también se entiende como la ampliación de la consciencia, que acaba dándose cuenta de que nunca hemos abandonado nuestro hogar; siempre estuvimos en casa, pues «en Dios vivimos, nos movemos y existimos» (Hch 17, 28).

El parloteo mental es otro de los grandes aliados que el yo egoico utiliza para robustecerse, para captar objetos, a base de discursos que generan deseos y miedos, en una espiral creciente de confusión y sufrimiento. Todo lo contrario ocurre desde el ser que somos, que se asienta en el silencio, el sustrato que sostiene tanto la palabra como el ruido. Javier Melloni suele reiterar con acierto que «el silencio no es ausencia de ruido, sino de ego»[8]. El

8. Cf. J. Melloni, *De aquí a Aquí. Doce umbrales en el camino espiritual*, Kairós, Barcelona, 2021, 46. Dice este autor: «Silenciarse es espaciarse por dentro y por fuera, abrirse a que el Todo se deje contener en todo. El equívoco de Occidente es haber reducido la consciencia a la capacidad mental que investiga la realidad sin comulgar con ella. Hay mucha más consciencia que la mente», 45-46.

silencio no es mutismo, sino toma de distancia de la mente y de sus discursos. El silencio genera un conocimiento directo e inmediato, de naturaleza intuitiva, que integra y trasciende la realidad. Tiene que ver con la atención a lo que sucede, una especie de *darse cuenta*, que solo acontece desde el estado de presencia. Todas las tradiciones espirituales llamaron a dicho conocimiento *sabiduría*; hoy se le conoce también como *conocimiento silente* o *inteligencia espiritual*.

La inteligencia espiritual se localiza en el corazón, no en la mente. El corazón, de acuerdo con toda la tradición bíblica y cristiana, es la sede del hombre interior; dicho con otras palabras: el lugar corpóreo-simbólico donde se integran pensamientos, sentimientos y voluntad. La sabiduría del corazón conecta espontáneamente con el conocimiento simbólico, y se mueve con soltura en la verdad que supone la integración de contrarios. Se trata de una armoniosa tensión que se desvela mediante la paradoja, pues el pensamiento dialéctico, que separa y excluye –propio de la mente racional e instrumental–, no alcanza las verdades más profundas de la vida. Sin embargo, solo de la unión dialógica que supera dicotomías, surge la integración que es síntesis y sabiduría. Sirvan de ejemplos algunas paradójicas verdades: «solo es posible salvar la vida si se pierde» (Mt 16, 25-26); «el conocimiento de sí pasa por el olvido de sí», dirá san Juan de la Cruz. Ken Wilber, el gran referente de la *Psicología integral*, viene a reforzar esta idea:

> La unidad interna de los opuestos está lejos de ser una idea exclusiva de los místicos, orientales y occidentales. Si echamos un vistazo a la física actual, el dominio en que la inteligencia occidental ha hecho sus mayores avances, lo que encontramos es otra versión de la realidad como unión de los opuestos.[9]

La experiencia directa de encuentro con el yo espiritual puede ocurrir de una manera espontánea, en un momento lúcido, intenso

9. K., WILBER, *La conciencia sin fronteras. Aproximaciones de Oriente y Occidente al crecimiento interior*, Kairós, Barcelona, 2025, pp. 40-41.

y gozoso, desencadenando un proceso de transformación en la persona que lo vive. Se percibe como un regalo. Todos hemos tenido espontáneamente este tipo de experiencias en diversas ocasiones, aunque después hayan sido olvidadas o borradas, sin dejar, aparentemente, huella transformadora en nosotros. San Juan de la Cruz parece referirse a esos momentos en los siguientes versos:

Por toda la hermosura
nunca yo me perderé,
sino por un no sé qué
que se alcanza por ventura.

Sin embargo, se necesita realizar un camino interior para mantener y ampliar dicha experiencia. Javier Melloni propone una serie de umbrales o cambios transformantes a lo largo de un itinerario. Se necesita «pasar de la cerrazón a la apertura, del ruido al silencio, de la dispersión a la atención, de escoger a acoger, de hacer al dejarse hacer, de saber al no saber, del juicio a la bendición, de la exigencia al agradecimiento, de ocupar un sitio a generar un lugar, del aislamiento al inter-ser, de la ausencia a la Presencia».[10]

Todo lo dicho a lo largo de este capítulo (a modo de introducción a lo que sigue) viene a mostrar que la indivisible unidad del ser humano no es incompatible con el reconocimiento de diversas dimensiones. Estas no siempre resultan fáciles de integrar, al ser desconocidas por el yo consciente, apareciendo a menudo en la psique la fragmentación y disociación. Esta multiplicidad representa una grave dificultad para el conocimiento integrador de uno mismo, tal y como propugnan las enseñanzas de sabiduría y los místicos. El psicoanalista suizo C. G. Jung vino a reforzar la idea del *puzle humano*, añadiendo una pieza más; esta vez, oscura, escindida y enajenada del yo consciente, que llamó «sombra». Resulta difícil de reconocer y enfrentar, pues el yo psicológico la percibe perturbadora cuando aparece; por eso, la consciencia egoica tiende a desplazarla al inframundo. Jung reconoció no solo una sombra personal, sino también colectiva. Ambas alcanzan

10. J. Melloni, *o.c.*, 2021, 7-9.

también al universo eclesiástico, con manifestaciones específicas propias en el ministro ordenado y en la institución religiosa, especialmente visibilizadas bajo formas de clericalismo.

II

LA SOMBRA: EL LADO OSCURO DE LA CONDICIÓN HUMANA

Lo más aterrador es
aceptarse a uno mismo por completo
(C. G. Jung)

A principios de siglo XX, C. G. Jung descubrió la unión inseparable del ego y la sombra con motivo de un sueño nocturno que marcó toda su vida, y que recoge en su autobiografía. En una oscura noche desapacible, caminaba el soñante con dificultad con una pequeña luz en la mano, protegiéndola del fuerte viento. De pronto, tuvo la sensación de que algo oscuro y amenazante lo seguía detrás. Se volvió, venciendo el miedo y cuidando de que la lucecita permaneciera encendida. Cuando despertó, tuvo claro que la figura oscura era la sombra de su propio cuerpo que la luz de su yo consciente proyectaba detrás. Jung refiere que esa luz débil, la luz de su consciencia, era su única luz. Este relato onírico resuena en los versos de san Juan de la Cruz, cuando, en una «noche oscura», la apasionada fémina del poema sanjuanista salió «sin otra luz y guía/que la que en el corazón ardía».

Varias décadas antes, a finales del siglo XIX, el escritor inglés R. L. Stevenson publicaba su famosa novela *El extraño caso del Dr. Jekyll y Mr. Hyde*, que Jung conocía. El argumento de la obra se inspira también en una ensoñación de su autor. Los dos protagonistas de la novela de Stevenson corresponden a identidades opuestas presentes en el mismo individuo. El Dr. Jekyll es un médico con buena presencia, que encarna valores respetables bien reconocidos por la sociedad. Mr. Hyde, por el contrario, aparece como una persona deforme y de aspecto un tanto desagradable. Jekyll desea experimentar a ratos el carácter de Hyde mediante la ingesta de un brebaje. Pero a base de repetir el experimento, el efecto se vuelve irreversible, y Jekyll acaba dominado por Hyde, su oscuro *alter ego*.

La escuela junguiana refiere a menudo estos dos sueños como manifestaciones paradigmáticas de la sombra, entendida como una realidad universal albergada en el inconsciente colectivo de la humanidad. Para Jung existe una variedad de contenidos o modelos configurados en el inconsciente colectivo, a los que el psicoanalista suizo denominó *arquetipos*. Los arquetipos se expresan preferentemente en la consciencia a través del material simbólico de sueños, cuentos, mitos y relatos sagrados, entre otros. La sombra es por tanto un arquetipo universal que representa las tendencias ocultas no admitidas por el yo consciente. Esto quiere decir que cada ser humano alberga un Dr. Jekyll y un Mr. Hyde que conviven juntos.

1. La sombra personal no reconocida y proyectada

La sombra personal va apareciendo en todo individuo ya desde la infancia, junto con los rasgos positivos y luminosos con los que el sujeto se identifica. Este crecimiento conjunto tiene lugar a medida que se va modelando el yo consciente, con el refuerzo de la educación y el entorno. En dicho desarrollo, se van desterrando aquellas características que no encajan con la imagen ideal de la personalidad. De esta manera, como si de dos mellizos se tratara, ego y sombra se alimentan y crecen de la misma experiencia vital. No existe el uno sin la otra, aunque cada cultura y cada familia se encargan en delimitar los contenidos que pertenecen al yo luminoso y al yo sombrío. En esta dualidad, los elementos bien vistos y aceptados se reflejan en la consciencia, y los otros –al ser reprimidos– quedan enajenados en el inconsciente, alimentando un lado oscuro tanto más potente cuanto más encumbradas son las cualidades de la imagen positiva. Podríamos decir que el yo psicológico asegura su lado favorable a base de escindir la dimensión sombría de la personalidad, que la repudia, niega u olvida, desterrándola a las profundidades del psiquismo donde, por un tiempo, queda a buen recaudo. Más pronto o más tarde, la sombra estallará en situaciones inesperadas y de conflicto con los demás, aprovechando el debilitamiento del control consciente de uno mismo.

Jung aludió a la sombra como el *otro yo* de nuestro mismo sexo, que nos produce vergüenza. La definió con los siguientes términos: «Entiendo por sombra el aspecto negativo de la personalidad, la suma de todas aquellas cualidades desagradables que desearíamos ocultar, las funciones insuficientemente desarrolladas y el contenido del inconsciente personal»[1]. Los contenidos de la sombra corresponden, por una parte, a características que son repudiables habitualmente en un ser humano, como son: el egoísmo, la violencia, el odio, la venganza, las tendencias destructivas... Pero también incluye elementos que, sin ser negativos, no están bien vistos por una determinada cultura o comunidad, como pueden ser: la espontaneidad, el erotismo, la vulnerabilidad, la sensibilidad en los varones... Por tanto, existen cualidades de la sombra que si son recuperadas nos transforman en personas más plenas y realizadas. En esta línea apunta la frase evangélica «sed perfectos» (Mt 5, 48), entendida como ser completos.

La inseparable presencia de la sombra se despliega en numerosas expresiones simbólicas que permiten intuirla. Por ejemplo, cuando caminamos, siempre aparece la proyección de la sombra de nuestro cuerpo que nos acompaña irremediablemente a todas partes. El hecho de que la visión se sitúe siempre hacia adelante, nos desconecta de una parte trasera no visible, *puntos ciegos* que los demás perciben con toda claridad menos nosotros. Son ejemplos intuitivos y elocuentes del vínculo inseparable con la sombra y

---

1. C. ZWEIG y J. ABRAMS, «Introducción», *Encuentro con la sombra. El poder del lado oscuro de la naturaleza humana*, en ZWEIG y ABRAMS (ed.), Kairós, Barcelona, 1994, 34.

de las resistencias a reconocerla. Por eso, los primeros encuentros con ella pueden resultar abrumadores, por la tendencia espontanea a deshacernos de nuestro lado oscuro, siendo la *proyección* en los demás el mecanismo utilizado con mayor frecuencia. La proyección es un autoengaño defensivo e inconsciente por el cual se atribuye a los otros lo que a uno le pertenece. Expresiones tales como «ver la paja en el ojo ajeno y no ver la viga en el propio» (Mt 7, 3) o «dime de lo que presumes y te diré de lo que careces» apuntan a distintas maneras utilizadas para deshacernos de nuestro lado oscuro. La parábola evangélica del fariseo y publicano retrata de forma magistral la proyección de la sombra del fariseo sobre los demás y sobre el publicano, cuando dice: «¡Oh, Dios!, te doy gracias porque no soy como los demás hombres, ladrones, injustos, adúlteros; ni tampoco como ese publicano» (Lc 18, 11). Zweig y Wolf resumen los principales mecanismos de rechazo de la propia sombra:

> Es así, en suma, como los rasgos negativos de la sombra –que se consideran indeseables– se ven desterrados al inconsciente (represión), se destierran al cuerpo (somatización) o se atribuyen a los demás (proyección), mientras los llamados rasgos positivos –que se consideran aceptables– acaban convirtiéndose en nuestro ego ideal (identificación).[2]

Por consiguiente, es necesario realizar un trabajo –a menudo lento y laborioso– para no temer a la sombra, y poder integrarla en una relación consciente-inconsciente cada vez más realizada. Jung lo expresó en distintas ocasiones: «la sombra solo resulta peligrosa cuando no le prestamos la debida atención»3. A través de un sincero proceso de autoconocimiento, que ayuda a encauzar las emociones negativas, a gestionar los sentimientos de culpa y vergüenza y sanar las heridas personales, es posible el reconocimiento y aceptación de lo que realmente somos. El trabajo con la sombra capacita en el ejercicio de una ajustada tolerancia, eliminando la

2. C. Zweig y S. Wolf, *Vivir con la sombra. Iluminando el lado oscuro del alma*, Kairós, Barcelona, 2004, 58.
3. C. Zweig y J. Abrams, «Introducción: El lado oscuro de la vida cotidiana», en *o.c.*, 29.

rigidez y el perfeccionismo asfixiantes que suelen esconder dimensiones oscuras dañinas. El cuento de *la princesa y el sapo* de los hermanos Grimm, que ha sido escenificado de muchas maneras, expresa de forma muy plástica la existencia de regalos no descubiertos, escondidos en la sombra, que pueden transformándonos en seres más humanizados y completos. Dicha transformación viene simbolizada en el cuento por el encuentro entre la princesa y el príncipe (hechizado como el sapo, que representa la sombra). Desde esta perspectiva, la sombra puede llegar a ser redentora. Dicho en lenguaje junguiano: «La sombra es al mismo tiempo aquello a redimir y el sufrimiento redentor»4.

Cuando se atraviesa una y otra vez la línea de separación de la sombra, este exceso oscuro acaba pervirtiendo al sujeto, quien acaba inmerso en acciones profundamente negativas y adictivas. Una cosa es reconocer e integrar la sombra y otra muy distinta quedar preso entre sus redes. En esta segunda situación, Jekyll no puede retornar a ser el que era, pues queda devorado por Hyde. Entramos en el terreno de lo que junguianos llaman lo *demoníaco* o el dominio del *mal arquetípico*. Parece ser que los, cada vez más, reconocidos como *psicópatas integrados* han entrado en estas dimensiones oscuras de las que ya no pueden liberarse.5 Se trata de sujetos aparentemente normales, incluso con atractivo personal y capacidades seductoras de mando, por lo que suelen conquistar puestos de responsabilidad que los llevan a estar bien reconocidos en la sociedad. Sin embargo, carecen de empatía, emoción, conciencia moral y sentimientos de culpa. Sin alma, sin emociones y

---

4. *Ibíd.*, 30.
5. I. Piñuel, *Familia Zero. Cómo sobrevivir a los psicópatas en familia*, Esfera de los libros, Madrid, 2020. Dicho terapeuta ha estudiado en profundidad este tipo de psicopatología y ha elaborado una terapia de rehabilitación de las víctimas de los psicópatas integrados y narcisistas malignos. Una de las dinámicas narcisistas frecuentes en este tipo de abusadores es el llamado maltrato «luz de gas» (*gaslighting*). Se trata de una actitud vejatoria consistente en desestabilizar a la víctima lenta y sistemáticamente, mediante el sometimiento y la manipulación, sintiéndose culpable y maltratadora. De este modo, la víctima –siempre una persona vulnerable– queda paralizada y doblemente victimizada. Para este autor, este narcisismo extremo no tiene cura, y cualquier proceso terapéutico con estos sujetos solo conseguirá que puedan camuflar mejor dicha psicopatología.

sin remordimientos –aunque aparenten lo contrario–, se sienten atraídos por el poder y seducen a personas empáticas y vulnerables a las que manipulan y maltratan hasta grados extremos, como una forma de sentirse poderosos. Se trata de auténticos depredadores, aunque parezcan personas normales y bien vistas socialmente.

El psicólogo inglés Kevin Dutton, especializado en este tipo de desorden de la personalidad, ha elaborado una relación –bastante divulgada– de las diez profesiones u oficios que más atraen a los *psicópatas integrados*, entre las cuales se incluye el sacerdote, que ocupa el lugar número 8. La autoridad de la que es revestido el ministro por la propia Iglesia y por la comunidad cristiana que le es encomendada, unida a un fuerte narcisismo, favorece la psicopatía de este tipo de pastores. A ello habría que añadir la tendencia de estos sujetos al *moralismo*, como un recurso frecuente de encubrimiento ante los demás de las propias oscuridades. Estos estudios, relativamente recientes, podrían arrojar luz –al menos en algunos casos– sobre el tipo de personalidad que subyace en clérigos que cometen abusos sexuales y otros tipos de delitos.

2. La sombra colectiva y su relación con el mal

Si la sombra personal tiene mucho que ver con la subjetividad del individuo, pudiendo ser reconocida e integrada a nivel personal, la sombra colectiva determina una realidad objetiva que va más allá de la voluntad individual, formando parte del complejo misterio del mal. Sin embargo, sombra personal y colectiva no están desconectadas, pues el yo personal es la concordancia con los valores positivos de la comunidad a la que pertenece. La asimilación de dichos valores crea una buena conciencia tranquilizadora y proporciona sentido de pertenencia al grupo. A cambio, se comparten contenidos de una y otra sombra. Cuando un colectivo humano mantiene una fuerte identidad, mediante la identificación con determinados atributos o valores, se generan contenidos sombríos inconscientes censurados por el grupo, que son proyectados en los que son diferentes. Se origina, de este modo, una separación entre «nosotros» –los poseedores de la verdad, los buenos– y «los otros»

–los equivocados y malos–. En esta oscuridad del inconsciente colectivo se enraízan violencias, fanatismos y persecuciones contra grupos minoritarios, generadores de mucho mal, dando lugar a graves conflictos que desembocan en guerras. De este modo, la sombra colectiva se proyecta en grupos, pueblos y naciones, como una manera de asegurar la noble y superior identidad del propio grupo, pueblo o nación.

Una de las manifestaciones más específicas de la sombra colectiva se encuentra en la familia, pues en ella se asientan las raíces del individuo, que, a través del grupo familiar, acaba convirtiéndose en lo que es. Como señalan los terapeutas junguianos C. Zweig y S. Wolf, la familia es el «crisol de lo mejor y lo peor».[6] Es muy frecuente que la actual familia se vea afectada por la sombra de sus antepasados, alimentada a menudo por secretos y violencias familiares. En estos casos, no tan infrecuentes, los mencionados autores aseguran que: «el *alma familiar* se sacrifica en aras del mantenimiento de la ilusión de la *máscara familiar* y, como resultado, la sombra familiar acaba irrumpiendo y desgarrando el tejido vital que mantiene unidos a sus miembros».[7] Jung lo expresó reiteradamente en su famosa expresión: «cuando una situación interior no se hace consciente, tiende a manifestarse externamente en forma de destino»[8]. Según Zweig y Wolf, la dimensión oscura de la familia no asumida:

> ... se transmitirá a la siguiente generación, perpetrando el legado de dolor. A falta de un trabajo con la sombra, los miembros del grupo familiar permanecerán atrapados en esta red de complejos parentales y, por muy lejos que se desplacen físicamente, seguirán irremediablemente presos de la red del hogar familiar...Afrontar las sombras familiares intergeneracionales puede ayudarnos a redimir el alma de la familia.[9]

6. C. Zweig y S. Wolf, *o.c.*, 69-102.
7. *Ibíd.*, 71.
8. *Ibíd.*, 77.
9. *Ibíd.*, 74-75. Estos planteamientos han sido confirmados por el psicoterapeuta alemán Bert Hellinger en sus estudios sobre sistemas familiares.

La sombra colectiva se halla presente también en cada cultura, llegando a convertirse en un fenómeno de masas. De este modo, numerosas sociedades y naciones, unidas por unos mismos vínculos culturales, pueden verse poseídas por las mismas fuerzas arquetípicas del mal. El pensamiento occidental, históricamente sostenido por la tradición cristiana, encuentra las raíces del mal en el pecado de los orígenes de la humanidad o *pecado original*. Desde esta perspectiva, cabe entender que para explicar el origen del mal no satisface ningún discurso, ni racional ni moral. La sinrazón es el único respeto a la razón; estamos hablando de lo *demoníaco*, de un misterio de iniquidad –*mysterium iniquitatis*– (2Ts 2, 7) que no logramos entender, pero al que Dios maldice en la figura de la serpiente del Paraíso (Gén 3,14). Es precisamente la serpiente esa frontera externa que nos permite delimitar qué no es Dios y qué no es el hombre.[10]

No obstante, para Jung, es la sombra colectiva la que constituye la realidad del mal. Este ya no está tan separado del bien, los dos conviven juntos en estrecha y profunda unión, como el propio Jesús señaló en la parábola del trigo y la cizaña (Mt 13, 24-30). Pretender vivir a espaldas del mal supone una enajenación que acarrea su aparición en forma de sombra. En la actualidad, debemos, pues, aprender a convivir con el mal, procurando no sucumbir en él, adquiriendo «la astucia de la serpiente junto con la sencillez de la paloma» (Mt 10, 16), en un equilibrio difícil de mantener. A ello contribuirá el autoconocimiento psicológico, mediante el cual nuestra consciencia se volverá más lúcida y responsable.[11]

Un fenómeno peculiar, que tiene que ver con la proyección de la sombra colectiva, se encarna en la figura del *chivo expiatorio* o *víctima expiatoria*. El psicoanalista junguiano Erich Neumann estudió el estrecho vínculo entre este personaje con la oscuridad colectiva. Obedece a un mecanismo arcaico, por el cual una colectividad

10. Sobre la interpretación cristiana del origen del mal, ver el interesante estudio del teólogo belga A. GESCHÉ, *El Mal. Dios para pensar*, Sígueme, Salamanca, 2010,109-120.

11. Cf. C. G. JUNG, «El problema del mal en la actualidad», en C. ZWEIG y J. ABRAMS (ed.), *o.c.*, 241-246.

pretende acabar con el mal propio proyectándolo en un individuo o grupo minoritario, al que necesita desterrar o sacrificar como forma de liberarse de la propia la maldad. Este carácter vicario, exculpatorio, puede encarnarse en individuos defectuosos o primitivos, pero también en algunas personas evolucionadas. En este segundo caso, el colectivo no puede admitir ni sostener el grado de humanización de aquellos que llegan a bucear en las sombras del inconsciente colectivo, porque el grupo mayoritario es incapaz de reconocerlas. El caso de los profetas del antiguo Israel y de todos los tiempos es un ejemplo elocuente, que alcanza en la condena a muerte de Jesús una realidad paradigmática. Las expresiones que acompañan la condena del nazareno: «Caiga su sangre sobre nosotros y sobre nuestros hijos» (Mt 27, 25) y «Conviene que un solo hombre muera por el pueblo» (Jn 11, 50) son una clara verbalización de lo que estamos exponiendo. La víctima expiatoria puede ser también un grupo (minorías étnicas o religiosas, extranjeros, homosexuales...), al que el colectivo mayoritario aniquila con la mejor buena conciencia. En este sentido, resultan muy oportunas las palabras de Neumann:

> Descubrimos aquí (en la sombra colectiva) la misma constelación de fenómenos que en el individuo. Todo pueblo se considera, durante la inflación de su buena conciencia, idéntico a los valores supremos de la humanidad, se identifica con ellos y ruega con la más tranquila conciencia a «su Dios», como contenido conceptual del lado de la Luz, que le otorgue la victoria.[12]

El profesor alemán de psicología Arno Gruen, en su obra: *El extraño que llevamos dentro*, lleva a cabo un lúcido estudio sobre el origen del mal y su relación con la sombra colectiva en las sociedades occidentales, tomando como trágico ejemplo la alienación colectiva generada en el nazismo. Según este autor, el carácter agresivo de los perpetradores nazis fue trasmitido a los hijos, que llegaron a identificarse muy pronto con la personalidad de sus padres.

12. E. Neumann, *Psicología profunda y nueva ética*, Fabril Editora, Argentina, 1949, 46.

De este modo, cumpliendo obedientemente con las expectativas oscuras de sus progenitores, estos acabaron siendo idealizados, a costa de reprimir las necesidades propias de amor y confianza que todo hijo necesita. De este modo, se genera un mecanismo de agresión reprimida contra uno mismo que se proyecta sobre los más débiles y necesitados. Se forman así personalidades competitivas y ambiciosas –aunque aparentemente encantadoras–, que no son capaces de albergar sentimientos humanos, pues la verdadera identidad ha quedado bloqueada y reprimida. Dichos mecanismos no solo se dieron intensamente en el periodo nazi, sino que, de alguna manera, y según este autor, siguen impregnando el talante competitivo de las sociedades contemporáneas. Arno Gruen resume el proceso de alienación, basado en la obediencia ciega a sistemas opresores:

> El extraño que llevamos dentro es la verdadera víctima de nuestro yo. Este yo queda desfigurado mediante la obediencia, que hace prácticamente imposible reconocer la verdad de todo el proceso. La obediencia –se podría decir– no solo sirve para someterse al represor, sino también para encubrir sus actos. Dicho de otra forma, la obediencia es el fundamento del poder... No obstante, la rabia está ahí, exactamente como el odio contra la propia víctima, que se rechaza por ser algo extraño, para llegar a acuerdos con los poderosos.[13]

3. Los autoengaños escondidos en la sombra del clero

El psiquiatra junguiano y escritor Morgan Scott Peck realiza una interesante aproximación al tema del mal a través de la idea cristiana de pecado y de sombra, describiendo con agudeza las características de la persona malvada.[14] Para este autor, malvada es la persona –también la institución– que se niega rotundamente

13. A. GRUEN, *o.c.*, 60. Este diagnóstico resuena en el «trastorno narcisista de la personalidad» y en los *psicópatas integrados*, como veremos más adelante.
14. M. SCOTT PECK, «La curación del mal humano», en C. ZWEIG y J. ABRAMS (ed.), *o.c.*, 252-260.

a admitir sus propios pecados, a la vez que se aferra al poder. Los malvados, continúa Peck, se consideran libres de todo mal, personas intachables, que viven muy preocupadas de su imagen externa, la cual cuidan con extraordinario esmero. Adolecen, por tanto, de una dosis alta de narcisismo. Peck dice al respecto:

> Así pues, el componente fundamental de la maldad no consiste tanto en la ausencia de toda sensación de pecado o de imperfección, sino en la incapacidad absoluta de tolerar esa sensación. A diferencia de lo que ocurre con la carencia de toda sensación de conciencia moral del psicópata, las personas malvadas están permanentemente obsesionadas por esconder su maldad bajo la alfombra de su conciencia.[15]

Ante la falta de autocrítica, los malvados niegan su propio mal, con el recurso de la mentira y de la proyección destructiva sobre los que no piensan como ellos. La toma de conciencia personal les resulta muy difícil, pues suelen ser personas muy refractarias para realizar un trabajo terapéutico, a pesar del carácter estricto y del perfeccionismo moralista que emplean con los demás. El afinado diagnóstico que M. Scott Peck lleva a cabo de la persona malvada encuentra su confirmación más palmaria en el comportamiento de los dirigentes religiosos del tiempo de Jesús, tan familiarizados con la mentira y la hipocresía. Peck comparte su tesis sobre el mal con Martin Buber. Este último, en su obra *Dios y el Demonio*, advierte que también los mentirosos malvados están en la Iglesia: «Qué mejor modo, si no, de ocultar nuestra maldad ante nosotros mismos y ante los demás que el de asumir el papel de sacerdote o de cualquier otro cargo representativo de la jerarquía eclesiástica?»[16]. Y añade más adelante: «...las personas malvadas se sienten atraídas por el moralismo por el disfraz y el anonimato que este puede proporcionarles».[17]

---

15. *Ibíd.*, 258-259.
16. M. Buber, *God and Evil*, en *Ibíd*, nota 4, 442.
17. *Ibíd.*, 442.

Por otra parte, el teólogo chileno y psicoterapeuta Camilo Barrionuevo, en su obra ya citada: *Una Iglesia devorada por su propia sombra*, realiza un excelente y pormenorizado estudio sobre la sombra del clérigo abusador y de la institución eclesial, para tratar de encontrar explicaciones al drama de los abusos sexuales en la Iglesia. Es cierto que el clero suele padecer con cierta frecuencia una dosis de escisión entre la visión idealizada y espiritualizada de lo que debe ser un buen sacerdote y una dimensión sombría, fuertemente reprimida, que afecta a distintas dimensiones de la personalidad. Esta estructura psicoespiritual –que, como advierte este autor, también se presenta en la institución eclesiástica– genera un desequilibrio y una tensión interior, difícil de mantener en bastantes casos. Una vez más, la sombra personal –del clérigo– y la colectiva –de la institución– comparten una misma raíz y se alimentan mutuamente. La irrupción de tanto material reprimido sería el sustrato a partir del cual habría que investigar, no solo en el tema de los abusos, sino también en otras cuestiones oscuras del clero.

En este estudio, C. Barrionuevo concede escasa credibilidad a la tesis de la «manzana podrida» como explicación de los abusos. Según esta tesis, el problema sería solo de los sacerdotes abusadores, desapareciendo el problema una vez apartados. La cuestión es mucho más compleja para el mencionado autor; se trata de un asunto de naturaleza sistémica, cuya imagen mitológica correspondería a la Hidra de Lerna. La Hidra es un monstruo de muchas cabezas que representa simbólicamente, en estos casos, la compleja sombra eclesiástica, cuyo estudio ha de ser abordado de forma global y multidisciplinar, y no solo desde aspectos puntuales o individuales.

La complejidad del problema, como bien señala Barrionuevo, se debe a estar «Narciso oculto en la sombra».[18] Es decir, la sombra eclesiástica no puede entenderse sin una alta dosis de *narcisismo clerical* que la configura y la potencia. Parece ser que en los orígenes de la vocación sacerdotal de un número nada despreciable de

18. C. Barrionuevo, *o.c.*, 75.

ministros de la Iglesia se alberga una herida narcisista temprana gestada en el contexto familiar, especialmente en relación con las figuras parentales. Dicha herida expresa un sentimiento de inadecuación, fragilidad y falta de autoestima del niño –futuro sacerdote– que permanece soterrada y relegada a la sombra personal, bajo la imagen sublime y poderosa de su elección divina al sacerdocio. Una misión sagrada y sobrenatural, que sitúa al sacerdote por encima de los laicos y de la gente en general. En consecuencia, tenemos un *luminoso Jekyll*, elegido por el mismo Dios, destinado a la noble tarea sacerdotal, que esconde un *amenazante y oscuro Hyde*, mantenido a raya. Sin embargo, en algunos momentos, el segundo puede hacer saltar por los aires al primero. Volveremos con más detalle sobre estos temas que constituyen la parte central de este libro.

La sombra institucional de la Iglesia desarrolla los mismos mecanismos defensivos propios de la sombra colectiva de cualquier grupo o institución. Se establece una nítida diferenciación entre «nosotros» y «los otros/ellos». Nosotros: *sociedad perfecta, jerarquizada y elegida por Dios*. Nosotros: *Cuerpo de Cristo, Templo del Espíritu Santo, Icono de la Trinidad, Sacramento de salvación para el mundo*... Son imágenes legítimas, que evocan una realidad mistérica que ha sido vertida históricamente en la Iglesia como plenitud y que, como tal, le pertenecen. Con estas imágenes la Iglesia debe configurarse. Pero la institución eclesiástica no puede apropiárselas como algo ya poseído, porque entonces la infinitud que representan queda constreñida y secuestrada. Menos, todavía, cuando se utilizan como una construcción ideológica en defensa propia, para ocultar las propias oscuridades y engaños, a costa de la verdad, la justicia y la misericordia. Dicha apropiación e instrumentalización del Misterio incrementa la oscuridad de la sombra institucional que se reprime a base de cerrazón, imposición y deseos de poder. En este sentido, las atinadas palabras de Martín Velasco son oportunas y reveladoras:

> Situada sobre los fieles que la componen, la estructura eclesiástica y los órganos de poder que la constituyen

> pasan a ocupar el lugar del mismo Jesucristo, se ponen en el centro del sistema cristiano, se convierten en el objeto de la relación religiosa...Lo fieles, teóricamente sus miembros, pasan a ser los súbditos de las autoridades de esa sociedad perfecta o los consumidores de los servicios religiosos que ella administra y dispensa.[19]

Con frecuencia, la sombra eclesiástica se torna beligerante ante el proceso de secularización en el que está inmersa la sociedad. En este contexto actual, la Iglesia ha pasado a ser la instancia legitimadora solo del grupo de los creyentes, y no de toda la sociedad. Son los miembros de la sociedad secularizada y quienes la gobiernan «los otros» a los que hay que combatir, porque en ellos se asientan supuestamente los males que hay que desterrar. Sin quitar ni un ápice de las oscuridades que existen en la sociedad y en los que la gobiernan –que la Iglesia debe denunciar proféticamente–, no es menos cierto que también en estas actitudes se descubren elementos proyectados de la propia sombra eclesiástica. Muchas veces, la institución se posiciona ante la secularización desde el reforzamiento de su parte luminosa-identitaria, que se emplea como argumento para recuperar los ámbitos de poder que el proceso secularizador le ha ido arrebatando. Esta reconquista de un catolicismo oficial contiene rasgos significativos de clericalismo.

Pero los «otros» no son solo los de fuera, también *ad intra* de la Iglesia la sombra institucional se proyecta especialmente sobre *místicos* y *profetas*, que siempre fueron objeto de sospecha por parte de las instituciones religiosas de todos los tiempos. Ellos no muestran ningún inconveniente en conformar su experiencia religiosa en el marco doctrinal, todo lo contrario. Sin embargo, sus experiencias los llevan más allá de los postulados doctrinales, relativizando las mediaciones, que resultan ser irrenunciables para la institución; por otra parte, suelen poner de manifiesto a menudo los aspectos sombríos del clero. No obstante, el místico y el profeta no están exentos de incurrir –como todo ser humano– en las tram-

19. J. Martín Velasco, *o.c.*, 37-38.

pas específicas de sus propias dimensiones oscuras. Intentaremos abordar en el siguiente capítulo dichas cuestiones, ya que estas dos identidades religiosas –junto con la del sacerdote– están presentes en muchas religiones, manteniendo históricamente en la tradición judeocristiana un lugar destacado.

III

MÍSTICOS, PROFETAS Y SACERDOTES: LUCES Y SOMBRAS

Si cada paso que das es una plegaria,
entonces caminarás siempre de forma sagrada.
(indios lakotas)

Parece cierto que estamos asistiendo en Occidente al resurgimiento de la espiritualidad y al acercamiento entre las distintas cosmovisiones y tradiciones religiosas. Algunos pensadores hablan en este sentido del *retorno de lo sagrado* y de la *rebelión del alma*, expresiones que apuntan a la creciente búsqueda –no siempre atinada– de caminos espirituales, en una sociedad que ha venido reprimiendo durante la modernidad la dimensión interior del ser humano. Aparece hoy un interés por la mística como cultivo de la interioridad, que introduce al sujeto en niveles más profundos del yo espiritual y del Misterio que lo habita. Sin embargo, la experiencia mística debe complementarse con la dimensión profética, comprometida con la transformación humanizadora de este mundo. Mística y profecía siempre han constituido dos identidades referenciales en las tradiciones religiosas. Están relacionadas entre sí, por lo que no es fácil señalar límites netos que las separen; de hecho, suelen presentarse juntas en cada sujeto religioso, de una manera particular y concreta. A su vez, también están vinculadas con otra importante identidad que forma parte de la fenomenología religiosa, que es la figura del sacerdote.

Aunque estas identidades puedan interactuar en un mismo sujeto, siendo difícil su separación, resulta aclaratorio intentar dibujar los rasgos más característicos del místico, del profeta y del sacerdote, por tratarse de figuras muy representativas en muchas tradiciones religiosas. En este sentido, el jesuita y terapeuta freudiano Carlos Domínguez ha realizado importantes estudios psicoanalíticos, sobre todo de místicos y profetas, analizando sus luces y sombras, que en parte atañen también a la figura del sacerdote. [1] Los avances realizados en el campo de la psicología y la espiritualidad ponen de manifiesto cómo la experiencia amoroso-unitiva con Dios, característica del místico, ha de abrirse al compromiso con los demás y con la historia, ejemplificado en el profeta. Por otra parte, el impulso profético debe encontrar su raíz en una experiencia interior que sostiene y da sentido a la acción comprometida. También el sacerdote, en su oficio de realizar lo sagrado, está llamado a vivir existencialmente, de forma integradora, su entrega ministerial.

Intentaremos desarrollar a continuación estas dimensiones, señalando además cómo cada una de las identidades, en su especificidad, pueden quedar también afectadas por una parte oscura, en la que el narcisismo religioso puede hacer acto de presencia. Necesitamos de las identidades –las religiosas, entre otras– porque nos constituyen como seres humanos, pero toda identidad puede pervertirse y absolutizarse cuando se da una identificación con sus dimensiones menos saludables y humanizadoras.

1. Místicos y profetas: la experiencia ambivalente del Absoluto

Hay un sentir compartido entre los espirituales según el cual el místico actual no es un hombre especial, sino que en cada hombre

1. C. Domínguez Morano, «Místicos y Profetas: dos identidades religiosas», *Proyección*, 203, Fac. Teología Granada, 2001, 307-328.; *Mística y psicoanálisis. El lugar del Otro en los místicos de Occidente*, Trotta, Madrid, 2020.

existe una manera especial de ser místico. Este interés por el tema de la mística y por el despertar de muchos a estas experiencias está propiciando que se subrayen distintas especificidades que, por otra parte, son constitutivas de la verdadera experiencia de unión trascendente (entre ellas, el compromiso ya señalado), pero que no conviene olvidar para no caer en la trampa de un escapismo espiritualista. Este riesgo en todo camino espiritual, que acecha también al místico, supone ocultar y reprimir deficiencias humanas bajo pretexto de dedicación espiritual. En el intento de evitar trampas espirituales, hoy se habla con frecuencia de *mística de la cotidianidad*, para expresar que la persona puede tener acceso a una experiencia mística en la vida diaria. El compromiso ineludible con los más desfavorecidos y con la realidad histórica, al que ha de conducir todo tipo de experiencia interior verdadera, se subraya con expresiones tales como *mística desde abajo* o *mística de ojos abiertos*.

No resulta fácil acercarse a la variedad de fenómenos que se desarrollan en el interior de la persona mística, pues escapan a la observación y al dominio del pensamiento. A pesar de esto, podríamos decir, usando un lenguaje clásico, que el fenómeno místico consiste en una experiencia humana de profunda unión con el Absoluto, llamado Dios o Misterio trascendente, que resulta ser inefable. Por tanto, el lenguaje habitual se revela insuficiente a la hora de expresar dicha experiencia, solo se puede balbucir. Sobre esa profunda y misteriosa unión, imposible de entender para la mente pensante, sirvan, como botón de muestra, las palabras de san Juan de la Cruz: «el Amado vive en el amante y el amante en el Amado. Y tal manera de semejanza hace el amor en la transformación de los amados, que se puede decir que cada uno es el otro y que entrambos son uno».[2] Utilizando otras expresiones, mística llega a ser la persona que descubre y experimenta lo invisible que se esconde siempre detrás de todo lo visible, que solo puede ser vivido desde el yo espiritual. También san Juan de la Cruz nos recuerda esto mismo: «solo el que por ella pase lo sabrá sentir».[3]

2. *Cántico espiritual*, 12,7.
3. *Subida del monte Carmelo*, Prólogo,1.

Esta vivencia es siempre integradora; es decir, el místico no solo se siente unido profundamente con Dios, sino también con los demás y con la naturaleza. Raimon Panikkar llamó a la *triunidad* de toda vivencia mística «experiencia cosmoteándrica».[4] Si echamos mano de la conocida expresión de la Teología cristiana referida al Reino de Dios, el místico experimenta la tensión de la plenitud del «ya» en el «todavía no» de la historia y la temporalidad. Si para la mente dialéctica tiempo y eternidad son dimensiones lineales separadas, pues se suceden una a continuación de otra, en la experiencia paradójica del místico ambas perspectivas coexisten de manera dialógica en la realidad, y las dos pueden ser experimentadas conjuntamente en esta vida.[5]

El tema de la mística despertó gran interés para el psicoanálisis, ya desde sus comienzos. En esta línea freudiana, los detallados estudios del ya citado psicoanalista C. Domínguez han proporcionado una explicación satisfactoria a la génesis del sentir místico, refiriéndolo a las experiencias tempranas del sujeto con las figuras parentales.[6] Los conocimientos cada vez más avanzados de la Psicología moderna conceden un papel decisivo a la relación temprana del sujeto con sus progenitores de cara a la construcción de la imagen de Dios y a la manera de posicionarse el niño respecto al hecho religioso, tanto en sus formas sanas como enfermizas. Desde los planteamientos psicoanalíticos más recientes, se considera que la dimensión unitiva del místico encuentra su raíz en la estrecha vinculación amorosa del pequeño con la madre. Dicha relación parece ser tan determinante que, si resultara fracasada o no hubiera tenido lugar, difícilmente la persona tendrá acceso a la experiencia unitiva con la Trascendencia.[7]

---

4. R. Panikkar, *La intuición cosmoteándrica*, Trotta, Madrid, 1999, 88-94.
5. Cf. C. A. López Saavedra, *La dimensión cosmoteándrica de la muerte. Budhismo y cristianismo en diálogo*, Herder, Barcelona, 2023.
6. Carlos Domínguez ha realizado un detenido estudio psicoanalítico de estos temas en su obras ya señaladas. Las ideas que aquí se exponen están tomadas fundamentalmente de sus valiosas aportaciones.
7. Una aparente excepción a este hecho podría ser el caso de san Ignacio de Loyola, uno de los tres grandes místicos españoles del siglo XVI, al faltarle muy pronto la figura de la madre. Es cierto que el vínculo materno lo su-

Sin embargo, los estudios psicoanalíticos no omiten el grave peligro que acecha al místico si su experiencia queda atrapada exclusivamente en la dimensión femenina-materna. Esto supondría la aparición de una grave tendencia *evasiva-narcisista*, unida a la falta de compromiso con la realidad que esta desviación acarrea. Dicha situación, llevada al extremo, daría lugar a la figura pervertida del «alumbrado» o «visionario», que permanece secuestrado en la unión fusional con la totalidad, sin apertura a la alteridad. La trampa espiritualista está entonces servida, como fácil anestésico que construye una falsa imagen idealizada de uno mismo, impidiendo el contacto con una realidad que siempre compromete. Este tipo de desviación religiosa puede interpretarse falsamente como vocación sacerdotal en ciertos casos, lo que tendremos ocasión de detallar más adelante. Se hace imprescindible en el espiritual y en el místico, desde el punto de vista psicoanalítico, la integración de la figura paterna, que posibilita en el sujeto la dimensión profética y lo abre a un horizonte de encuentro y compromiso.

Si el místico experimenta la presencia del Absoluto en la unión íntima con Él, el profeta se siente interpelado e impulsado a proclamar con valentía una palabra de salvación que le es anunciada por el mismo Absoluto. Palabra que le compromete, pues comporta el imperativo de denunciar todo aquello que es contrario a la justicia, como condición de una paz social verdadera. En este sentido, el profeta se hace portavoz de un mensaje que debe proclamar en favor de una transformación religiosa y colectiva más justa y humanizadora. Este doble movimiento de anuncio y denuncia, que hace suyo el profeta, queda muy claro en la misión asignada por Dios al

ple en su espiritualidad la figura de la Virgen María, pero C. Domínguez encuentra una explicación psicoanalítica a esta ausencia materna citando a M. Ledoux: «...cuando la madre no está, el bebé se agarra a su misma ausencia. El lugar de la madre queda vacío y el sujeto se polariza completamente hacia ese espacio vacío de la madre», C. DOMÍNGUEZ, *o.c*, 2020, 319. Algo similar podríamos inferir de santa Teresa, más condicionada por la influencia paterna al faltarle también la madre; quizás por ello con una fuerza masculina muy de la santa. Lo contrario ocurriría en san Juan de la Cruz –cuya alma es esencialmente femenina–, pues la influencia de la madre en su infancia fue muy importante, al quedar huérfano de padre.

profeta Jeremías; se trata de una dimensión destructiva-constructiva, expresada simbólicamente mediante términos tomados de la agricultura y la construcción: «Mira que te he puesto en este día sobre naciones y sobre reinos, para arrancar y para destruir, para arruinar y para derribar, para edificar y para plantar» (Jer 1, 10).

También el psicoanálisis arroja su luz sobre el profeta, cuya figura se encuentra más anclada en la representación masculina-paterna, por lo que se abre de un modo más espontáneo que el místico al compromiso con la realidad histórica. De acuerdo con C. Domínguez, no resulta extraño que la presencia del profetismo esté más desarrollada en las religiones monoteístas, en las que la imagen de Dios tiene un fuerte componente masculino-paterno. Sin embargo, tampoco el profetismo queda libre de desviaciones y patologías, que nacen de la ambivalente y conflictiva relación con lo paterno, apareciendo también el narcisismo como telón de fondo.

El profeta patológico proyecta, en su compromiso con la realidad, un sentimiento de totalidad y omnipotencia narcisista, que se manifiesta en unas relaciones con los demás a menudo agobiantes, incluso con ciertas dosis de agresividad. En este panorama, el mal y la culpa se proyectan siempre hacia afuera; son de los demás, especialmente de las figuras de autoridad. Tenemos, de este modo, un perseguidor que debe luchar incansablemente contra el mal, como manifestación exterior de su ambivalente lucha interior con la figura del padre. C. Domínguez llama a este carácter inquisitorial y talibánico «profetismo paranoide».[8] De esta manera, queda pervertida la verdadera dimensión profética y se cierran las puertas a la necesaria experiencia espiritual.

La redención de la dimensión oscura del profeta pasa necesariamente por un proceso de interiorización que ayude a localizar el origen de ese compromiso compulsivo e intolerante. Es probable que el sujeto descubra que su mesianismo autorreferencial obedece, en no pocas ocasiones, a un mecanismo de escape que quiere evitar el contacto con sus propias heridas personales, nece-

8. *Ibíd*, p. 219.

sitadas de ser reconocidas e integradas. Por otra parte, el profetismo tampoco está exento de caer en la trampa de la seducción del poder. Los falsos profetas del antiguo Israel son un ejemplo paradigmático de este peligro del que se advierte también en los evangelios. Como señala J. Melloni, los falsos profetas se limitaron a repetir las ideas antiguas de la tradición en lugar de prestar atención a las señales de Dios manifestadas en los acontecimientos históricos. Se trataba de una apropiación intencionada del carisma profético.[9]

Mística y profecía se complementan mutuamente en cada sujeto, y logran mantener un equilibrio psico-espiritual que tanto el místico como el profeta necesitan para una sana integración personal. Este contrapeso no es fijo ni definitivo, por lo que debe ser escrutado a la luz del discernimiento. No es infrecuente que ambas dimensiones corran el peligro de desviaciones hacia derroteros insanos que pervierten el respectivo carisma, siempre de la mano del narcisismo. La manera de realizar dicha integración y el papel predominante que alcanzan en cada persona ambas identidades será diferente, pues cada ser humano es único e irrepetible. Pero un místico sano integrará siempre una vertiente profética, lo mismo que un verdadero profeta estará siempre referido a una experiencia fundante de naturaleza mística.

2. Sacerdotes: más que funcionarios eclesiásticos

La palabra sacerdote proviene etimológicamente de *sacra-dare* («el que ofrece lo sagrado»). La misión de oficiar u ofrecer a Dios ha estado presente en muchas religiones, a través de hombres que han hecho de mediadores, realizando actos sacrificiales en favor del pueblo. Dichos sacrificios comportan ritos que el sacerdote repite, en el contexto de tiempos sagrados y con textos canonizados, a fin de asegurar la correcta transmisión de la revelación originaria. El

9. Cf. J. Melloni, *Vislumbres de lo real. Religiones y revelación*, Herder, Barcelona, 2007, 191.

sacerdocio va de la mano de la institucionalización religiosa, con la que está estrechamente vinculado.

Desde el punto de vista fenomenológico es posible entender la aparición de la figura histórica del sacerdote cuando a la humanidad se le muestra la realidad trascendente e inefable de lo sagrado. Rudolf Otto calificó este desvelamiento de «fascinante y tremendo», una experiencia sobrecogedora, que supera la razón, y que atrae y atemoriza a la vez. Como consecuencia, las antiguas civilizaciones sintieron el impulso de delegar en un mediador el encuentro directo con la realidad divina. Este hecho, reviste al intercesor de un poder sagrado que llega a pertenecerle, otorgado y respetado por el propio colectivo. Sirva de ejemplo paradigmático la actitud del pueblo en el relato de la teofanía de Moisés en el Sinaí, «El pueblo estaba atemorizado, y se mantenía a distancia. Entonces dijeron a Moisés: "Háblanos tú y te escucharemos; pero que no nos hable Dios, no sea que muramos"... El pueblo se quedó a distancia y Moisés se acercó hasta la nube donde estaba Dios» (Ex 20, 19-21).

Con el desarrollo de las civilizaciones, se pasa de esa figura mediática individual –por lo general de poderosas dimensiones místicas y proféticas– a todo un colectivo que forma una clase o casta sacerdotal, cada vez más institucionalizada, con aparición de leyes y normas reguladoras. La clase sacerdotal llegó a alcanzar siempre cotas elevadas de poder religioso y, por ende, social y político. El sacerdocio, desde esta perspectiva, se inserta en una etapa del proceso histórico de maduración de la religión que Javier Melloni describe en los siguientes términos:

> Es el tiempo de la creación de las jerarquías, que son las encargadas y responsables de la transmisión y de la correcta interpretación de las escrituras, esto es, de las palabras y gestos primordiales. Las demás tradiciones se ven como oponentes de la propia visión del mundo. Se establece una neta separación entre lo sagrado y lo profano, lo cual queda también reflejado en la distinción entre un grupo minoritario –el clero– que hace de intér-

prete e intermediario de la tradición, y una mayoría –los laicos– que lo acata y lo recibe. En esta etapa se consolida la identidad del grupo, que tiende a ser exclusivista para asegurar la verdad del propio camino.[10]

La configuración del sacerdote con la institución religiosa tiene una de sus manifestaciones en su estrecha colaboración institucional para custodiar el legado transmitido a través de doctrinas y dogmas. Esta identificación organizativa no se da tanto en el caso del místico y del profeta, cuyos respectivos carismas están fundamentados esencialmente en la experiencia personal. No obstante, el ministerio sacerdotal alcanza en la tradición cristiana un profundo significado a la luz de los planteamientos que se despliegan en la carta a los Hebreos. En este escrito, Jesucristo aparece como «Sumo sacerdote» (Hb 5, 10), debido a la ofrenda de su vida en solidaridad con el género humano, que supera y deroga para siempre los sacrificios expiatorios de la Antigua Alianza.

Esta entrega, que alcanza una visibilidad sacramental en la Eucaristía, abre un horizonte de plenitud del sacerdocio cristiano a una auténtica participación en el sacerdocio de Cristo, dando sentido a la existencia del ministro ordenado; es decir, ministerio sacerdotal y vida aparecen en el cristianismo indisolublemente unidos. Dicho con otras palabras, el sacerdote –a ejemplo de Cristo– ha de ser un hombre unificado, que sea punto de convergencia de una verdadera integración. Es así como la categoría *sacerdote* alcanza su plena realización, como alcanzó en Cristo, al que la Iglesia primitiva le concedió este atributo como la mejor manera de expresar el profundo significado de su misión y su vida. La Carta a los Hebreos desmonta, por consiguiente, el privilegio de la figura del sacerdote como perteneciente a una *casta*, y otorga el carácter sacerdotal al Pueblo de Dios –«Pueblo sacerdotal»– cuya incorporación y pertenencia de cada miembro se realiza por medio del bautismo. La figura individual del ministro ordenado

10. J. Melloni, *Hacia un tiempo de síntesis*, Fragmenta, Barcelona, 2011, 243-244.

comparte este sacerdocio común de los bautizados desde su condición y especificidad de *presbítero*.

Para vivir esta realidad integradora, el sacerdote cristiano necesita de un sincero autoconocimiento personal, como condición indispensable para alcanzar una auténtica transformación interior, libre de engaños personales e institucionales. Solo por este camino, su existencia podrá convertirse en verdadera ofrenda en favor de la vida. Por otra parte, el sacerdote puede encarnar también una dimensión vivencial que lo aproxime al místico o al profeta, lo que –sin duda– contribuirá a enriquecer y revitalizar su ministerio. Son muchos los ejemplos, a través de la historia hasta hoy, de una sana permeabilidad del sacerdocio con estas otras dos categorías religiosas.

Sin embargo, el sacerdote puede quedar identificado exclusivamente con lo institucional, oficiar el culto de un modo rutinario y no desarrollar ningún espíritu crítico saludable respecto a la institución eclesiástica. En estos casos, acabará convertido en *funcionario eclesiástico*, permaneciendo refractario a toda necesaria transformación que provenga de una vivencia creativa del sacerdocio, así como de la mística o de la profecía. Estas situaciones propician la aparición del clericalismo, que encuentra de este modo el terreno abonado para su desarrollo.

Martín Velasco hace equivaler clericalismo con «clérigo», por lo que no tiene porqué identificarse necesariamente con «ministro ordenado» ni con «persona consagrada», aunque, en la práctica, clérigo se utilice a menudo de un modo genérico e impreciso. El talante clerical se identifica, para Martín Velasco, con «una determinada forma de encarnación sociocultural de estas dos instituciones de la Iglesia (ministro ordenado y persona consagrada), que comporta una forma psicológica determinada de vivir tanto el ministerio como la vida religiosa».[11] Dicha forma acaba constituyendo «una especie de funcionariado».[12] Y continúa diciendo: «Del clérigo se ha podido decir con razón que vive del oficio, del

11. J. Martín Velasco, *o.c.*, 102.
12. *Ibíd.*, 102

empleo, hasta el punto de identificarse con él y sacrificarle su propia vida personal».[13]

Podrían esbozarse, a grandes rasgos, dos tipos de ministros clericales, según predomine la desviación mística o la profética. En el primer tipo, se encontrarían aquellos que son dados a celebraciones con gran solemnidad y boato. Suele percibirse en ellos un apego a ornamentos rancios, seguimiento escrupuloso y solemne de la liturgia (*liturgismo*)[14], recuperación de tradiciones devocionales que parecían estar ya superadas, un culto exagerado a imágenes (especialmente marianas), a menudo ostentosamente engalanadas, por las que suelen mostrar un gran apego personal.[15] Este tipo de clero compartiría con el «alumbrado» o «visionario», la tendencia a la fusión amoroso-materna con la totalidad, a través de los gustos religiosos.

Un segundo tipo de ministro clerical, diferente a la anterior, vendría determinado por el rigorismo y la austeridad, albergando una dosis inconsciente de agresividad y culpa, con una visión sacrificial del ministerio y una ritualización escrupulosamente cumplida. C. Domínguez denomina a este segundo modelo «leguleyo» o «sacrificante»[16]. Se trata de una tipología que puede recordar al

13. *Ibíd.*, 111
14. En relación con la celebración litúrgica por parte del sacerdote, el papa Francisco dice: «He aquí una posible lista de actitudes que, aunque opuestas, caracterizan a la presidencia de forma ciertamente inadecuada: rigidez austera o creatividad exagerada; misticismo espiritualizador o funcionalismo práctico; prisa precipitada o lentitud acentuada; descuido desaliñado o refinamiento excesivo; afabilidad sobreabundante o impasibilidad hierática. A pesar de la amplitud de este abanico, creo que la inadecuación de estos modelos tiene una raíz común: un exagerado personalismo en el estilo celebrativo que, en ocasiones, expresa una mal disimulada manía de protagonismo», *Desiderio Desideravi*, 54.
15. San Juan de la Cruz advierte detenidamente y con rotundidad en el Tercer libro de *Subida del Monte Carmelo* de los muchos errores y vanidades que entrañan las desviaciones devocionales a las imágenes, a las que visten de tal manera que todo se queda en «ornato de muñecas» (35,4). Y prosigue en la misma línea de la vanidad con oratorios, lugares de devoción y ceremoniales (cc. 38-44). Se trata de una religiosidad basada en el gusto de los sentidos, propio de los principiantes, que le hace al santo desconfiar.
16. «(Los sacrificantes) construyen necesariamente un Dios que se les opone y frente al cual no cabe sino una relación de rebelión permanente o de per-

«fanático» de la desviación profética, caracterizada por una ambivalente relación con el padre proyectada en Dios, al que se percibe en el fondo como un rival. De este modo, el sacerdote rigorista oscila en su interior entre la rebelión y la sumisión, entre el amor y el odio.[17]

La historia de las religiones, sobre todo abrahámicas, ha puesto de manifiesto el recelo, la sospecha, incluso el rechazo, que los místicos y profetas despertaron en la institución sacerdotal a la que pertenecieron. Mística y profetismo, en sus dimensiones saludables, miran a la *luna* (Dios, el Absoluto) a través del *dedo* que la apunta (la institución), mientras que el sacerdote y la propia institución corren mayor riesgo de confundir la *luna* con el *dedo*, en el que pueden quedar atrapados. En estos casos, como indica y desarrolla J. Melloni, se corre el peligro de confundir la plenitud con totalidad, la certeza con la seguridad, el icono con el ídolo, las palabras con la Palabra y el *kerigma* con proselitismo.[18]

3. Tres modelos bíblicos paradigmáticos: Moisés, Elías, Jesús

En la tradición judeocristiana, a primera vista, la categoría profética aparece con protagonismo y relevancia, más que la dimensión mística. Este hecho no debe extrañar, dada la mayor sintonía del profetismo con las imágenes paterno-patriarcales de Dios, que suelen predominar –con significativas excepciones– en los relatos bíblicos. Por tanto, estos tres personajes esenciales, que brevemente abordaremos aquí, aparecen sostenidos por un mismo denominador común: la condición profética que comparten. El profetismo en el antiguo Israel está marcado por la Palabra (*Dabar* en hebreo, *Logos* en griego), de simbología masculina, que es anunciada por Dios al profeta para que sea proclamada ante los demás. Pero esa palabra es infundida por el Espíritu (*Ruah*, en hebreo, *Pneuma* en

petua sumisión». C. Domínguez, 2020, *o.c.*, 200-201.

17. En la filmografía de Ingmar Bergman aparece con frecuencia el tipo del clérigo «sacrificante», que tiene como trasfondo la figura del padre de Bergman, pastor protestante, cuyo rigorismo marcó traumáticamente la vida del director sueco.
18. J. Melloni, 2011, pp. 43-52.

griego), que remite a lo femenino de Dios. Esta es una experiencia interior del hombre conectada con lo místico, que en la confesión cristiana de la fe se expresa mediante la acción del Espíritu «que habló por los profetas».

Aunque en el Misterio Trinitario *Ruah* y *Dabar* se integran en un dinamismo que está fuera de la temporalidad, parece que en los seres humanos el principio femenino (Espíritu) precede al masculino (Palabra). De este modo, la donación de Dios al hombre podría atenerse al postulado universal que determina las realidades temporales, incluidas las biológicas: lo femenino es anterior y establece las bases para pasar a lo masculino. Dicho de otra manera, lo que ocurre en lo más temprano del psiquismo humano –y conviene siempre tener presente–, que el camino hacia lo paterno requiere siempre la previa asunción de lo materno, puede ocurrir también en la revelación de Dios al hombre. Por otra parte, los textos bíblicos no emplean el término *mística/místico*, pues se trata de un vocablo bastante más reciente. La Teología bíblica utiliza el término *teofanía* para expresar la manifestación de Dios al hombre, visibilizada en múltiples formas simbólicas, a través de las cuales Dios siempre infunde la *Ruah* –el Espíritu– al mensajero. Es por lo que aquí hacemos equivaler *teofanía* con *experiencia mística*, dejando que la Teología espiritual señale diferencias que puedan existir entre una y otra.

Volviendo al tema que nos ocupa en este apartado, Moisés (promulgador de la Ley) y Elías (el gran Profeta veterotestamentario) representan la plenitud del Antiguo Testamento. Plenitud que alcanza su total realización e integración en Jesús, de acuerdo con los relatos evangélicos de la Transfiguración que encontramos en la tradición sinóptica. Aunque la figura de Moisés aparece principalmente asociada a la promulgación de la Ley (en los evangelios se identifica «Ley» con «Ley de Moisés»), no es menos cierto que su misión profética-liberadora ya aparece totalmente confirmada en el relato de su vocación: «Anda, yo te envío al faraón para que saques de Egipto a mi pueblo, a los israelitas» (Éx 3, 10). El envío de parte de Dios ocurre en el marco de una teofanía: el encuentro con la zarza ardiente (Éx 3, 1-15), auténtica *experiencia fundante* para Moisés. El Señor desde la zarza le dijo: «No te acerques. Descálzate, porque el sitio que pisas es terreno sagrado» (Éx 3, 5). Dos mandatos que destierran en su misma raíz todo atisbo de posesividad narcisista; Dios pide a Moisés, en primer lugar, respetar el Misterio (no te acerques), ante la pretensión de posesividad o manipulación. En segundo lugar, desprenderse (descalzarse) de toda imagen idolátrica de Dios que pueda suponer una proyección de los deseos de omnipotencia del hombre.

Moisés siempre se consideró siervo de Dios y nunca arrebató a Dios su soberanía. No solo en el libro del Éxodo, sino en Números y Deuteronomio, se reitera la figura profética de Moisés. Y con motivo de su muerte es ensalzado como profeta: «No ha vuelto a aparecer en Israel un profeta como Moisés, con el cual el Señor trataba cara a cara» (Dt 34, 10). Pero estrechamente unida a la misión de profeta, Moisés también realiza una misión sacerdotal, ya que intercede por el pueblo ante Dios para aplacar su ira; tal caso ocurre a propósito de la perversión del pueblo con motivo del becerro de oro (Éx 32, 10-14) o ante el fuego amenazante (Nm 11, 1-3). Esa función intercesora de Moisés permanece grabada en el imaginario religioso del pueblo de Israel, y es reconocida por boca del profeta Jeremías (Jer 15, 1).

Las experiencias místicas de Moisés, el «amigo de Dios» (Éx 33, 11), fueron entendidas muy pronto en la tradición cristiana como un paradigma del ascenso espiritual hasta llegar al Absoluto, una acertada alegoría de la subida de Moisés a la cumbre del monte para encontrarse con Dios. Gregorio de Nisa, en su obra *Vida de Moisés*, reconoce en las tres teofanías de Moisés en el Sinaí unas claves alegóricas de encuentro con Dios de todo espiritual cristiano.[19] La primera experiencia, la de la zarza ardiente, corresponde

19. Gegorio De Nisa, *Camino de Perfección de las Virtudes* (*Vida de Moisés*), Lumen, Argentina, 1997. Esta obra del niseno (siglo IV) ha sido clave en la mística cristiana, inspirando la *Teología Mística* del Pseudo-Dionisio (siglo VI). Este propone la *mística apofática* –o de la oscuridad en el acceso a Dios–, tomando como ejemplo alegórico la subida de Moisés hasta la cumbre del Sinaí. Dicha alegoría, continúa utilizándose en la mística occidental del

a una mística de la luz (Éx 3, 1-7); la segunda se trata de un paso por la «noche oscura», en la densa y estrepitosa nube del Sinaí (Éx 19,16-25); la tercera representa una integración de ambas experiencias manifestada en la propuesta de seguimiento, caminando detrás de Dios (Éx 33, 18-23). Como consecuencia, la luminosidad divina de la zarza ha acabado transparentándose en el rostro luminoso de Moisés (Éx 34, 29), expresión de la transformación plena acaecida en el «amigo de Dios».

El periplo del profeta Elías se narra en tres capítulos (17, 18 y 19) del Primer Libro de los Reyes. François Varone realiza un excelente estudio exegético del ciclo de Elías, en el que presenta unas valiosas claves hermenéuticas paraa tener en cuenta en toda persona religiosa. Dichas reflexiones son ejemplares a la hora de purificar los deseos inconfesados de poder religioso, tentación que puede acechar a todo creyente y especialmente a sacerdotes y consagrados.[20] Para Varone, estos tres capítulos representan un potente y acabado drama en tres actos, cuyos personajes protagonistas son Yahvé y Baal enfrentados, Elías con el rey y la reina, por un lado, y los profetas de Baal, por otro. En medio de la trama, el pueblo aparece como elemento esencialmente pasivo.

En los dos primeros actos, la imagen de Yahvé que marca el profetismo de Elías es la de un «Baal más poderoso»; es decir, una imagen idolátrica de Dios que, como todo ídolo, pide siempre víctimas humanas. En efecto, el profeta actúa de acuerdo con dicha representación de la divinidad y, por tanto, comete abusos de poder religioso, cuyas víctimas son siempre los más débiles e inocentes. En el acto primero (1Re 17), el abuso se manifiesta en desencadenar una terrible sequía que Elías acomete como una forma de desafiar al rey. Sin embargo, Dios lo empuja hacia el lugar donde verdaderamente Él quiere ser encontrado: los pobres,

---

Medievo, llegando hasta el siglo XVI con san Juan de la Cruz, cuya obra *Subida del Monte Carmelo* y el dibujo del *Monte de Perfección* tienen como trasfondo del ascenso de Moisés a la cumbre del monte, con influencias del Pseudo-Dionisio.

20. F. VARONE, *El dios «sádico». ¿Ama Dios el sufrimiento?*, Sal Terrae, Presencia Teológica, 42, Santander, 1999, 31-52.

representados en este primer acto por la viuda de Sarepta y su hijo. En consecuencia, se produce en Elías una primera conversión al Señor que durará solo tres años. En el segundo acto (1Re 18), Elías, olvidando la experiencia de Sarepta, queda de nuevo seducido por el poder, desplegado en la escena sacrificial del monte Carmelo. En esta ocasión el «ídolo Yahvé» demuestra ser más poderoso que el ídolo Baal, y Elías manda degollar a los 450 profetas de Baal, granjeándose de este modo la amistad del rey. El éxito y el poder de Elías, ahora profeta-sacerdote, quedan asegurados ante el rey y el pueblo.

A partir de aquí, Dios va a despojar a Elías de su poder religioso-clerical (1Re 19) por caminos insospechados, como suele ocurrir. Dios fuerza al profeta a realizar un nuevo éxodo, siguiendo el del pueblo de Isael, durante 40 días por el desierto hasta llegar al Horeb. Es en el desierto y sintiéndose morir, cuando Elías recibe el «maná» para llegar hasta el monte del Señor. Se trata de un primer paso hacia una segunda y verdadera conversión, reconociendo el profeta que no es mejor que sus padres (19, 4).[21] Una vez llegado al monte, Elías comienza a disculparse delante de Dios a costa de los demás: «me abrasa el celo por el Señor todopoderoso...; el pueblo ha abandonado tu alianza...; estoy yo solo...» (19, 10). En definitiva, se trata de mecanismos de autojustificación muy propios del ego religioso. Será necesario que, resguardado en la cueva de la cima del monte, como Moisés, vayan cayendo una a una las imágenes omnipotentes de Dios, representadas por el viento impetuoso, el terremoto y el fuego, hasta llegar al leve susurro del paso del Señor (19, 11-13). Solo entonces, Elías conoce de verdad a Yahvé, haciéndose humilde, y está dispuesto a compartir la vida sencilla del resto de Israel, descubriendo, de este modo, al Dios verdadero.

21. Este reconocimiento de Elías de no ser mejor que sus padres, coincide con uno de los postulados fundamentales de la *Psicología sistémica familiar*. No es posible un proceso auténtico de transformación personal si el sujeto está anímicamente situado por encima de los padres, ya que de ellos hemos recibido la vida. Como veremos más adelante, esta actitud humilde, que destierra todo empoderamiento, sana heridas narcisistas que, en el caso del sacerdote, son constitutivas de la herida clerical.

Las conclusiones de F. Varone son contundentes: si el Carmelo representa en el ciclo de Elías el abuso de poder religioso, es imposible que allí esté Dios, pues todo sacerdocio que vea a Dios como un Baal más fuerte estará asentado en el poder clerical. Sin embargo, Sarepta y Horeb representan al Dios diferente, topografías simbólicas de la salvación que Dios ofrece al hombre. La Iglesia institución y el clero han de pasar permanentemente, como Elías, del Carmelo a Sarepta y al Horeb, transitando por el desierto, donde no caben proyecciones humanas de omnipotencia que impidan la revelación de la verdad de Dios.

En Jesús de Nazaret, la manifestación de lo divino adquiere un rostro humano. Todo en Él –su persona y su obra– es desvelamiento del Dios de la vida, aparición de la divinidad en una humanidad plenamente realizada, que asume la fragilidad del hombre. Jesús renuncia, desde el principio y con toda radicalidad, a un mesianismo basado en el poder. Si la cristología del Evangelio de Mateo tiene como trasfondo la figura de Moisés, en el Evangelio de Lucas subyace un paralelismo crítico entre Elías y Jesús, hasta el punto de que algunas gentes de su tiempo llegaron a identificarlos (Lc 9, 8). La misión de Jesús, tal y como nos la presentan los sinópticos, es un verdadero combate profético por anunciar la llegada del «Reino de Dios y su justicia». En dicha tarea, Jesús es radical en el rechazo de supremacías. Las tentaciones del desierto y las provocadas por los discípulos, las exigencias de renuncia del poder como condición del seguimiento, el retorno de la tentación (Lc 4, 13)... son claras expresiones de esta rotunda incompatibilidad entre el mensaje de Jesús y el poder.

Por otra parte, el nazareno se inicia con Juan Bautista, profeta que también anuncia la llegada del Reino de Dios y la urgencia de una sincera conversión. En la misma línea, Jesús toma distancia –aunque no siempre con rechazo– del Templo y del culto, espacios de los sacrificios expiatorios. Lo mismo ocurre con la Ley y sus desviaciones inhumanas. Rechazado por la institución religiosa judía desde el principio, la clase sacerdotal en pleno no cesará hasta llevarlo a la muerte (Mc 3, 6), ya que su propuesta del Reino chocó de frente con los intereses de una institución asentada en el poder. Es la institución religiosa la que condena a muerte a Jesús en nombre del mismo Dios, crucificándolo fuera de los muros de la Ciudad Santa, como señal de quedar expulsado de su propia religión. Ante una muerte así, el velo del Templo se rasga en dos, como expresión de que el «Vino Nuevo» acaba por reventar los odres viejos de una religión clericalmente institucionalizada.

Si la figura de Jesús como profeta no plantea la menor duda en los evangelios, su dimensión mística no responde totalmente a lo que la fenomenología de la religión y la espiritualidad clásica han venido entendiendo por tal. Esto parece advertirse en la tradición sinóptica, no así en la joánica. El evangelio de Juan es un escrito místico indiscutible, donde la unión inseparable y permanente de Jesús con el Padre aparece constantemente subrayada. No obstante, también los sinópticos recalcan la continua presencia de Dios en la vida y persona de Jesús en su práctica asidua de oración, especialmente en los momentos más decisivos de su existencia. Y sobre todo, los evangelistas conceden un valor decisivo a la experiencia fundante (*teofánica*) de Jesús en su bautismo, que se confirmará en la Transfiguración y en las vivencias de fruición y gozo, relatadas especialmente por el evangelista Lucas (Lc 10, 21-24).

No sería errado decir que la experiencia mística de Jesús representa el profundo encuentro con el Misterio inaccesible, vivenciado como un Tú íntimo (*Abbá*), en una relación en la que el nazareno se experimenta radicalmente Hijo. En ninguna de estas dimensiones –profética y mística– Jesús cae en la trampa del narcisismo que las acecha. El nazareno asume los límites y la finitud de la vida, con sus dudas y oscuridades, dejando a Dios ser Dios, fuera de todo fanatismo demoledor o de toda proyección de omnipotencia infantil, renunciando a todo tipo de privilegio personal que pudiera otorgarle la misión a la que se sentía llamado.

Todo lo dicho en este capítulo que ahora concluye puede servir de preámbulo para entender mejor cómo la dignidad del ministerio sacerdotal, que cuenta con tan buenos ejemplos de sacerdotes honestos y coherentes en el ejercicio de su tarea, puede también ensombrecerse. Son los autoengaños interesados y los mecanismos de proyecciones de grandezas, personales e institucionales, los que constituyen el caldo de cultivo donde germina un narcisismo personal e institucional. Este estado oscurecido toma la forma de sombrío y poderoso clericalismo, difícil de erradicar porque no puede o no quiere ser visto. Dedicaremos el próximo capítulo –central en esta obra– a este tema, no sin antes terminar con una reflexión del ya mencionado F. Varone:

> ... la mayor perversión del poder se encuentra en el poder religioso: porque su capacidad de dominio y aplastamiento del hombre es tanto más grande cuanto se adjudica en exclusiva al absoluto de Dios. Jesús conoce la hipocresía del poder civil: «Los reyes de las naciones gobiernan como señores absolutos, y los que ejercen la autoridad sobre ellas se hacen llamar bienhechores» (Lc 22, 25). Pero fustiga mucho más al poder religioso; basta releer en voz alta las maldiciones que dirige a los «escribas y fariseos hipócritas» (Mt 23, 1-7. 13-36).[22]

---

22. *Ibíd.*, 67.

IV

NARCISO ESCONDIDO EN EL CLERICALISMO

¡Oh, qué grande es el sacerdote!
Si se diese cuenta moriría...
Dios le obedece: pronuncia dos palabras
y Nuestro Señor baja del cielo al oír su voz
y se encierra en una pequeña hostia.
(cura de Ars)

Con la llegada de la postmodernidad, nuestra sociedad se ha ubicado actualmente en el espacio confortable del individualismo narcisista. El desencanto de los tiempos modernos y de sus grandes relatos vino a derrumbar el optimismo histórico de Prometeo, en favor de la desilusión de Sísifo. En consecuencia, las últimas décadas del siglo XX han alumbrado una etapa marcada por un pensamiento débil y hedonista, erigido con pretensiones de totalidad.[1] En este contexto, nace y crece el sujeto narcisista contemporáneo, que vive desde una imagen idealizada de sí mismo –a todas luces irreal–, alimentada por la vanidad, y actúa con el recurso de la seducción y manipulación para conseguir poder y control. Le favorece una atmósfera social donde los propios intereses sobresalen a menudo por encima de los valores morales, la riqueza

1. J. L. Trechera, «Narcisismo y sociedad actual», *Revista de Fomento Social*, Univ. Loyola, Córdoba, (50), 1995, 563.

material puede llegar a apreciarse más que la humana y la notoriedad, el éxito y la apariencia llegan a establecerse como objetivos primordiales. Estos rasgos egocéntricos de la personalidad narcisista aparecen hoy potenciados a través de las redes sociales y otros medios de comunicación, como espacios de exhibición y de admiración ante los demás.

Como es fácil de entender, el *virus narcisista* no respeta a ningún tipo de persona ni oficio, aunque no debe extrañar que los grados elevados de narcisismo aparezcan, con mayor frecuencia, en ambientes de prestigio social. También los hallamos en los contextos religiosos, afectando a personas atraídas por la espiritualidad, en los que se da una amplia pluralidad de manifestaciones, a veces desconcertantes. El *retorno de lo sagrado* en nuestra sociedad está poniendo de manifiesto cada vez más las desviaciones y peligros de ciertas corrientes espirituales que acaban incurriendo en un auténtico *narcisismo espiritual*.[2] No olvidemos que en los ambientes religiosos también se implanta el ego narcisista, con sus trampas y disfraces, revestido de personaje religioso. La oferta de espiritualidades diversas, especialmente orientales, está generando un consumismo espiritual, en el marco de un variado mercado de espiritualidades donde proliferan gurús y libros de autoayuda, que prometen la iluminación de modo fácil y rápido, acompañada a menudo de todo tipo de éxitos. Carlos Domínguez hace notar la relación que a veces se establece entre religión y narcisismo:

> ... la religión se presenta indiscutiblemente también como una de las instituciones sociales que de modo más amplio puede venir a establecer complicidades, de las más sanas o patológicas también, con el narcisismo. Con frecuencia, ella se ofrece como un lugar de amparo en el que se hace posible mantener los sentimientos infantiles de omnipotencia frente a los embates que nos vemos obligados a encajar en otros campos de la existencia.[3]

2. M. Rodríguez, *Más allá del narcisismo espiritual*, Desclée De Brouwer, Bilbao, 2021.
3. C. Domínguez, 2001, 191-192.

Los niveles altos de narcisismo, diagnosticados como «trastorno narcisista de personalidad», también acechan a ministros de la Iglesia, generando en algunos un talante clerical bastante agudizado. Dedicaremos el presente capítulo a este tema central, haciendo ver que clericalismo y narcisismo se gestan en la misma matriz, por lo que ambos comparten una imagen ególatra de superioridad y prepotencia bajo la cual se esconde siempre una personalidad insegura con alto grado de inadecuación. En este sentido, creemos que no sería errado hacer equivaler los términos *clericalismo* y *narcisismo clerical*, un tipo específico de narcisismo propio de ministros ordenados y consagrados. El clericalismo no excluye tampoco a algunos laicos, cuando se autoconstituyen –o son constituidos por el sacerdote–, en una elite laical, gestada a menudo en sacristías. El papa Francisco también advierte de este problema:

> El clericalismo es un mal «cómplice», porque a los sacerdotes les agrada la tentación de clericalizar a los laicos; pero muchos laicos, de rodillas, piden ser clericalizados, porque es más cómodo, ¡es más cómodo! ¡Y este es un pecado de ambas partes! Debemos vencer esta tentación.[4]

Por otra parte, es necesario abordar la problemática que puede existir en la infancia de ministros clericales, pues en esta primera etapa de la vida se suele encontrar la raíz profunda del clericalismo, soterrada bajo capa de *elección divina*, y reforzada posteriormente por la institución eclesiástica, pues ella también la padece. Este diagnóstico está siendo confirmado cada vez más por psicoterapeutas y espirituales. Por último, abordaremos el peligro que supone para la Iglesia actual caer en la trampa de la «reclericalización», como intento de recuperar el poder que el proceso de secularización ha ido arrebatando a la institución eclesial durante la modernidad. No parece que este talante sea la mejor repuesta histórica de la Iglesia a la luz los signos de los tiempos.

---

4. Discurso en la Asociación «Corallo», 22 de marzo, 2014, en *obispadoalcala.org*, consultado el 9/ 8/ 2023.

1. ¿Qué decimos cuando hablamos de narcisismo?

Desde finales del siglo XIX, la psicología encontró en el término narcisismo el concepto adecuado para expresar un rasgo de la personalidad que tiende al ensimismamiento. Freud, a principio del siglo XX, profundizó en el significado del término, al considerar el narcisismo como una etapa inicial en el desarrollo de la psique, relacionándolo, además, con la homosexualidad y con patologías que tienen de común denominador el centramiento egoico del sujeto y el desinterés por los demás. A partir de entonces, el término narcisismo ha sido usado –incluso abusado– dada la ambigüedad y variedad de manifestaciones que comporta. Esta dificultad, a la hora de perfilar e integrar las características fundamentales que definen el narcisismo, ha dado lugar a distintos posicionamientos clínicos sobre la comprensión de este rasgo de la personalidad.[5] No es –ni mucho menos– objeto de este trabajo entrar en tales entresijos, pero sí parece oportuno señalar que las diferentes visiones y complejidades sobre el narcisismo ya se apuntan en los mismos relatos del mito de Narciso.

Con tales presupuestos, parece oportuno un acercamiento –aunque sea breve– a la personalidad de Narciso según las narraciones del mito, lo que J. L. Trechera, en el interesante artículo ya citado, expone con acierto.[6] Según este autor, de los relatos del mito se coligen una serie de rasgos patológicos del protagonista. Por una parte, Narciso no se conoce a sí mismo, no sabe quién es y vive de impresiones; subyace en su personalidad una carencia que le genera una autoimagen distorsionada. En segundo lugar, hay en Narciso una falta de relación con el entorno y con los demás, una incapacidad para la alteridad, que condiciona un erotismo centrado solo en sí mismo. En consecuencia, carece de empatía hacia los sentimientos ajenos, solo percibe de la ninfa Eco el «eco». Esta desconexión de los demás y el consiguiente centramiento egoico le

5. Para un estudio más detallado del narcisismo, ver: J. L. TRECHERA, *o.c.*; J. L. TRECHERA, *¿Qué es el narcisismo?*, Desclée De Brouwer, Bilbao, 1996.; C. DOMÍNGUEZ, *o.c.*, 2001, 181-208.; C. BARRIONUEVO, *o.c.*, 75-130.; M. RODRÍGUEZ, *o.c.*

6. J. L. TRECHERA, 1995, *o.c.*, 565-567.

hacen ser un sujeto orgulloso que desprecia a los otros y que, en el fondo, no tiene amor ni siquiera hacia sí mismo, solo ama su propia imagen. Por último, existe en el personaje una temprana herida familiar –lo que en lenguaje actual podría diagnosticarse como un «trauma temprano»–. Narciso es fruto de una violación, es hijo único, carece de una familia que lo haya sostenido amorosamente en los primeros años de la vida, no hay luz en su mirada porque no ha sido visto ni reconocido; solo su madre se preocupa de su futuro. Volveremos más adelante sobre esta cuestión que parece ser muy significativa, por las profundas implicaciones escondidas en algunos casos de vocación al sacerdocio que generan clericalismo.

En conclusión, Narciso muere ahogado, símbolo de una fusión con las aguas maternales, trágico desenlace de su fijación en un falso yo psicológico que lo incapacita para la alteridad. El retroceso del protagonista en la escala biológica, al quedar convertido en la *flor narciso*, es todo un símbolo de la regresión en la que sucumbe, lejos de lo que debería ser un progreso hacia una realización más plenamente humana.

Así las cosas, y de acuerdo con la bibliografía especializada, podemos agrupar las diferentes teorías sobre el narcisismo en dos planteamientos básicos. Por una parte, el narcisismo corresponde a una fase temprana del proceso de configuración de la personalidad. Es necesario pasar por ella para poder integrarla y, de este modo, superarla en el transcurso de la individuación. La meta de dicha tarea supondría una especie de trasmutación –muerte-renacimiento– que no es del todo ajena al relato mitológico. Por otra parte, es claramente coherente con el mito el hecho de aceptar que el sujeto pueda quedar estancado en esa fase anímica temprana, perpetuada como tal en la vida adulta. En tal situación, la personalidad del sujeto permanece atrapada en un funcionamiento regresivo de tipo narcisista. Esta es la versión más popularizada en la comprensión del mito y la que más se reconoce como patológica en el adulto, aunque también es cierto que por muy integrada que resulte la etapa narcisista infantil siempre quedarán residuos de ella en la persona madura. Que el proceso de individuación en la edad temprana se decante por un derrotero sano o patológico va a depender de cómo sea la originaria relación del pequeño con los padres; especialmente con la madre, la cual toma en dicha fase el rol –acertado o no– de la ninfa Eco. Volveremos sobe este tema en páginas siguientes.

A la vista del carácter polisémico del narcisismo, no sería errado concluir que este rasgo de la personalidad abarca un amplio espectro de gradaciones. Los estudiosos del tema llegan a admitir un «narcisismo sano», que podría coincidir con lo que conocemos como autoestima, pues resulta difícil que en la persona «normal» no existan elementos narcisista que aparecen y reaparecen como oleadas en la vida adulta. Después de todo, no es fácil deshacerse para siempre de una cierta identificación egocéntrica con una imagen propia idealizada que, por otra parte, tiene también sus aspectos positivos, como bien señala C. Domínguez:

> El narcisismo contribuye también al desarrollo de personalidades fuertes e independientes, que pueden llegar incluso, en razón de su misma dinámica narcisista a preferir amar a ser amados... y que resultan particularmente aptas por ello para servir de apoyo al prójimo, para asumir el papel de conductores y para dar nuevos estímulos al desarrollo cultural.[7]

Pero, como acabamos de ver, el narcisismo se convierte en patología cuando la gradación narcisista alcanza niveles altos, ocasionando una grave y dañina distorsión de la personalidad. Se llega en estos casos a lo que la psicología clínica denomina «trastorno narcisista de la personalidad», una psicopatología también llamada «narcisismo maligno», por medio de la cual la persona que la padece queda atrapada permanentemente en dinámicas egocéntricas malignas que ocasionan daños graves. Estos niveles patológicos llegan a alcanzar grados extremos de psicopatía en los sujetos diagnosticados como *psicópatas integrados*, que cada vez están siendo más reconocidos. Como ya hemos indicado, se trata de individuos

7. C. Domínguez, 2001, 195-196.

que, bajo una fachada agradable y exitosa, esconden una total desconexión emocional que les impide tener remordimientos, tratando a sus víctimas como objetos de *usar y tirar*. Desde una perspectiva junguiana, el narcisismo extremo de los psicópatas integrados correspondería a individuos que han entrado de tal manera en su sombra que ya no pueden liberarse de ella; en estos casos, Jekyll queda devorado por Hyde.[8]

Aunque las personas con trastorno narcisista de personalidad no alcanzan los niveles extremos de los psicópatas integrados, comparte con ellos algunos rasgos significativos. J. L. Trechera enumera los siguientes rasgos referidos al trastorno narcisista, a saber: 1. Imagen distorsionada de uno mismo; 2. Maquiavelismo; 3. Dominancia-poder; 4. Exhibicionismo; 5. Falta de empatía. El mismo autor señala los criterios diagnósticos más determinantes:

> pauta generalizada de grandiosidad; falta de empatía; hipersensibilidad a la evaluación de los demás y diversas alteraciones de las relaciones interpersonales (tendencia a la explotación interpersonal, sentimiento de categoría especial, solicitud de atención y admiración constantes, etc.).[9]

Camilo Barrionuevo añade, como rasgos especialmente significativos del narcisismo clerical, la presencia de impulsos agresivos e iracundos, por lo general reprimidos bajo una capa de personalidad «sobre-civilizada». Aunque dichos impulsos queden relegados al inconsciente, constituyen «una fuente permanente de conflicto psíquico para el funcionamiento cotidiano». Incluye también el mismo autor altas dosis de envidia, manifestación del profundo

---

8. Existen ciertas coincidencias significativas entre los rasgos de personalidad de los psicópatas integrados y lo que C. Barrionuevo denomina «pedófilos fijados», refiriéndose con este término a un tipo de clérigo abusador sexual de muchas víctimas, caracterizado por ausencia de remordimientos y sentimientos de culpa, con facilidad para justificarse mediante argumentaciones bien racionalizadas y con altos índices de inmadurez emocional. Según este autor, los «pedófilos fijados» padecen una psicopatología grave, con mal pronóstico de tratamiento y recuperación. C. BARRIONUEVO, *o.c.*, 77-78.
9. J. L. TRECHERA, 1995, 569.

sentimiento de inadecuación y carencia soterrada, que es constitutivo de la configuración del narcisista.[10]

Por otra parte, dentro del variopinto espectro que configura el narcisismo, los estudiosos del tema están de acuerdo en la existencia de dos modelos diferentes del narcisismo que también se reconocen con nitidez en pastores de la Iglesia, y que en un caso u otro siempre desembocan en la victimización de la feligresía, aunque con estrategias diferentes.[11] Por una parte, están los «narcisistas abiertos» o «narcisistas grandiosos», en los que el funcionamiento arrogante que les caracteriza es la expresión del mecanismo de defensa que oculta los sentimientos de inadecuación, constitutivos de la herida narcisista. En consecuencia, se suelen mostrar con dosis de agresividad, y sus tácticas de manipulación son impetuosas y manifiestas. Del otro lado, aparecen los «narcisistas encubiertos» o tímidos, que están más en contacto con los sentimientos de falta de valía de la herida narcisista, por lo que son más pasivo-agresivos; de este modo, se refugiarán en el papel de víctimas para poder abusar, y sus ataques resultarán más inesperados y sorpresivos. En este sentido, pueden llegar en algunas ocasiones a ser más peligrosos que los primeros, por presentarse más camuflados, dando la razón al conocido refrán: «de las aguas mansas líbreme Dios…».

La problemática del narcisismo clerical ha sido puesta de manifiesto de forma preocupante por R. G. Ball y D. Puls (expertos en conflictos religiosos, habiendo sido el primero pastor protestante), en una obra cuyo título traducido es: *Devoremos. La plaga de pastores narcisistas y qué podemos hacer ante esto*.[12] En base a un estudio estadístico realizado con 1.385 pastores protestantes y católicos en Canadá, estos autores llegan a la conclusión de que el 30% a 33% de los encuestados padecen trastorno narcisista de personalidad; es decir, uno de cada tres líderes religiosos con cargo pastoral.

10. C. Barrionuevo, *o.c.*, 99-101.

11. Ver en este sentido el interesante artículo digital «Narcisismo en las Iglesias. Narcisistas abiertos y encubiertos», en *Reflexiones cristianas*, Chrome HTML Document, visitado el 4/11/2023.

12. R. G. Ball y D. Puls, *Let Us Prey. The plague of narcissist pastors and what we can do about it*, Cascade Books, Oregon, 2017.

Tales datos, que pudieran no ser del todo exactos, contrastan con el porcentaje del 0,5% a 2% (5% según otros) de población civil que sufre este trastorno. Esta subida alarmante en el ámbito eclesiástico la relacionan estos autores con la atracción de los narcisistas por el oficio eclesiástico, ya que les permite encontrar en el contexto religioso un buen escenario exhibicionista para desarrollar sus dinámicas. Por otra parte, el narcisismo de tales pastores de la Iglesia queda reforzado por el grupo de fieles incondicionales que siempre los van a apoyar y admirar.[13] C. Barrionuevo comparte estos planteamientos y los expresa en los siguientes términos:

> Como enuncié previamente, algunos autores han sostenido la tesis de que la atracción por el sacerdocio puede resultar poderosamente magnética para personalidades narcisistas, en la medida en que el rol sacerdotal permite neutralizar, disminuir o disimular los sentimientos basales de inadecuación asociados a sus vulnerabilidades personales. El lado oscuro-sombrío de la atracción hacia el sacerdocio de parte de estas personas implica la posibilidad de asumir un rol social de gran poder, privilegio y valía, en el que se inviste de un halo de sacralidad.[14]

Parece pues, que la configuración narcisista de la personalidad del ministro clerical está cada vez más estudiada, coincidiendo con los rasgos más importantes que describen R. G. Ball y D. Puls en su estudio. La imagen de Dios que adquieren estos pastores es una proyección de su propia grandiosidad; es decir, necesitan a Dios para hablar de ellos mismos ante un auditorio de fieles que los alabe. No soportan a los feligreses críticos, a los que este tipo de ministros detectan muy pronto como peligrosos rivales que pueden descubrir-

---

13. En los evangelios, Jesús hace un retrato magistral del exhibicionismo narcisista de los escribas y fariseos: «Todo lo que hacen es para que los vea la gente: alargan las filacterias y agrandan las orlas del manto; les gustan los primeros puestos en los banquetes y los asientos de honor en las sinagogas; que les hagan reverencias en las plazas y que la gente los llame maestro», (Mt 23, 1-7).
14. C. Barrionuevo, *o.c.*, 111.

los, por lo cual tienden a apartarlos. Les falta la necesaria empatía hacia los sentimientos ajenos, pues para ellos solo importan sus emociones personales, hecho que confirma y refuerza el grupo de incondicionales. No obstante, esta carencia empática puede estar en ciertos casos muy oculta bajo lo contrario, lo que ha dado pie a considerar la existencia de un sorprendente «narcisismo empático», caracterizado por una actitud de gran entrega al prójimo. Se trata de un mecanismo adaptativo que les permite desconectar de su propia herida, de la cual se alejan cuanto más se entregan a los demás. Por otra parte, como necesitan tener a raya a los que piensan de modo distinto, estos ministros están siempre en estado de alerta y control, con el consiguiente desgaste emocional que esto representa.[15] Unos son carismáticos y muy activos, otros tímidos, incluso torpes, pero todos albergan grados de mediocridad y envidia, lo que contribuye a incrementar la toxicidad y sufrimiento que generan en los demás. A los pastores sanos les resulta poco soportable permanecer cerca de sus compañeros narcisistas, por lo que estos encuentran mayores posibilidades de desplegar su talante dominador y exhibicionista.

2. La infancia del ministro clerical: el lugar de la herida narcisista

Hemos tenido ocasión de ver en el capítulo anterior que, para todo creyente, la imagen de Dios se va gestando en la edad temprana, a partir de las influencias parentales y sus condicionamientos. Estas primeras experiencias religiosas, que posteriormente deben ir evolucionando a lo largo de la vida del sujeto, representan una gran posibilidad para que el encuentro con lo divino se enraíce en el interior de la persona. No obstante, comportan también el riesgo de que las representaciones de Dios, en determinados casos, se queden ancladas en estadios infantiles y encuentren dificultades para

15. El papa Francisco delata el afán de control del clérigo, en los siguientes términos: «... un elitismo narcisista y autoritario, donde en lugar de evangelizar lo que se hace es analizar y clasificar a los demás, y en lugar de facilitar el acceso a la gracia se gastan las energías en controlar», *Evangelii gaudium*, 94.

evolucionar, pudiendo llegar a ser distorsionadas o perturbadoras. Si, como ya hemos visto, la influencia materna resulta decisiva en el despertar de la actitud religiosa, entendida como unión intima con la Trascendencia, no es menos importante el posterior influjo del padre en cuanto posibilidad de acceso a una imagen de Dios más evolucionada; no olvidemos que en la tradición judeocristiana la divinidad es representada con fuertes atributos paternos.

En sus comienzos, el psicoanálisis concedió una importancia decisiva a lo paterno en la temprana configuración religiosa del niño, a costa de olvidar la gran influencia de la madre. Desde este planteamiento, no es de extrañar que Freud hiciera derivar los atributos de Dios de los rasgos idealizados y engrandecidos del padre, especialmente referidos a la omnipotencia, la omnisciencia y la benevolencia. Se origina, de este modo, lo que el conocimiento psicoanalítico llama el «Dios ilusorio», del que C. Domínguez expone lo siguiente:

> Como el padre de la infancia, que ha protegido y vigilado al niño débil e inerme frente a todos los peligros del mundo exterior, el Dios de la ilusión proporciona también toda la seguridad que el adulto necesita para subsistir en un mundo que tantas veces se torna hostil. Pero como el padre de la infancia, que según la mentalidad mágica infantil lo sabe y lo conoce todo, también el Dios de la ilusión poseerá el atributo de la omnisciencia. Desde ese saber ilimitado obtendrá también el adulto una formidable explicación de todos los misterios e incógnitas que la vida plantea.[16]

Estos postulados permiten deducir que la vivencia de lo religioso arraiga en dimensiones afectivas primitivas, las cuales necesitan de procesos de crecimiento y maduración no siempre fáciles de realizar. Es sabido que, con frecuencia, se interponen en este camino no pocas trampas derivadas de autoengaños y proyecciones que solo un lúcido y sincero discernimiento consigue desactivar.

---

16. C. Domínguez, *Creer después de Freud*, san Pablo, Madrid, 1992, 61-62.

Sobre estos temas, resultan iluminadores los estudios de psicología que van apareciendo en las últimas décadas acerca de cómo nace y crece la vocación de sacerdotes y consagrados. Todavía más necesarios tales estudios, habida cuenta de los problemas actuales que salpican a la institución eclesiástica, y que ponen de manifiesto la urgencia que tiene la Iglesia de superar el clericalismo, como bien reitera el papa Francisco. Parece, pues, que personas que desarrollan en su infancia ciertos grados significativos de omnipotencia narcisista se sienten llamadas a entregarse a ideales nobles, entre los cuales se encuentra la opción sacerdotal y religiosa, como forma de contrarrestar los sentimientos de inadecuación y falta de valía personal que anidan en el fondo de la personalidad narcisista. En el origen de dicho desarrollo –en el caso del tema que nos ocupa– se encontrarían las raíces de clericalismo. Dicho de otro modo, bajo la imagen de superioridad del ministro clerical, basada en la supuesta elección divina, se escondería una personalidad insegura con escasa autoestima y falta de valía. C. Barrionuevo esquematiza las fases de este proceso narcisista, que según dicho autor está llamado «a fracasar y desarticularse», por la tensión y lejanía entre el yo real y el yo idealizado:

> 1). Se disciernen los ideales más nobles, excelsos y perfectos que existen en la humanidad; 2). La persona se identifica con ellos, los abraza y los adopta como parte de su autoconcepto; 3). Eso permite que la personalidad se invista de una cualidad superior/elevada; y 4). Se mantiene a raya las experiencias dolorosas, displacenteras relacionadas con sentimientos de minusvalía e inadecuación personal.[17]

Una obra polémica que aborda, desde el punto de vista psicoanalítico, el origen de la vocación sacerdotal y los conflictos anímicos de los sacerdotes es *Clérigos. Psicograma de un ideal*, del teólogo y psicoterapeuta alemán Eugen Drewermann.[18] Se trata

17. C. Barrionuevo, *o.c.*, 244.
18. E. Drewermann, *Clérigos. Psicograma de un ideal*, Trotta, Madrid, 1995.

de un voluminoso tratado sobre la psicología de los clérigos que recibió críticas en su momento por la radicalidad de sus interpretaciones. Hay que reconocer que existen otros tipos de procesos psico-espirituales más saludables que los propuestos por Drewermann sobre el origen de la vocación y la personalidad de los clérigos.[19] Sin embargo, validando otros puntos de vista no reconocidos en *Clérigos*, la tesis de su autor parece ser bastante esclarecedora a la hora de interpretar la génesis del clericalismo, lo que viene avalado por el acuerdo de otros autores.

Drewermann parte del hecho de la identificación de la personalidad del clérigo con la institución eclesiástica, al haber sido suplantado el *yo personal* por el *superyó institucional*. Ocurre, por tanto, una radical y sospechosa despersonalización del sujeto, en aras del rol de *funcionario eclesiástico*. Para intentar entender este mecanismo, el autor de *Clérigos* echa mano de la novela de Sartre *La infancia de un jefe*, que plantea el conflicto entre la débil identidad del protagonista (Lucien) y la seguridad y prestigio que le proporciona conquistar una posición dominante en la sociedad. Dice Drewermann al respecto del joven de la novela: «Esas artimañas para encontrar en el reconocimiento externo una cierta seguridad en medio de su sensación de duda permanente sobre sí mismo se convertirán para Lucien, cada día más, en el fundamento de toda su existencia».[20]

Drewermann llega a la conclusión de que solo una persona con una gran dosis temprana de «inseguridad ontológica» puede realizar una total identificación con los planteamientos de la institución eclesiástica. Desde este fundamento, el aspirante al sacerdocio

19. Ver en este sentido: J. I. González Faus, C. Domínguez Morano y A. Torres Queiruga, *«Clérigos» en debate*, PPC, Madrid, 1996.

20. E. Drewermann, *o.c.*, 67. Lucien, el protagonista de la novela de Sartre, es un joven inseguro y vulnerable, acosado por serias dudas sobre su identidad; no sabe bien quién es. Sin embargo, está destinado a ser el heredero de la poderosa empresa que rige su padre. En esta situación, decide suplantar su realidad existencial no resuelta por la seguridad y el porvenir que supone llegar a ser empresario. De esta manera, el rol de jefe le sirve para encubrir su inseguridad, identificando de este modo su ser con una exitosa función.

prefiere ser funcionario eclesiástico a ser persona, optando para ello, con radicalidad, por los mandatos del superyó a costa de los requerimientos del yo.

Pero el autor de *Clérigos* prosigue en su indagación psicoanalítica hasta creer encontrar la raíz profunda de esa temprana inseguridad ontológica en la incapacidad de la madre para ofrecer a su hijo la seguridad que el pequeño necesita, ya que ella se percibe a sí misma como débil y vulnerable. No son pocos los casos en que el contexto familiar del niño –futuro clérigo– está marcado por una madre que tiende a sobreproteger e idealizar al hijo, defendiéndolo en bastantes ocasiones de un padre que puede mostrarse ausente o que se siente decepcionado ante la debilidad de un hijo falto de empuje, atrapado en las redes maternas. El problema se agudiza cuando las relaciones entre el matrimonio no son satisfactorias y están marcadas por la tensión o el conflicto. En estos casos, la experiencia muestra que la madre tiende a reforzar aún más el vínculo con el hijo, compensando de forma exagerada la valía que el padre no le reconoce. De esta manera, se consolida un vínculo madre-hijo poco saludable, que contribuye a alimentar la vulnerabilidad narcisista que se va gestando paso a paso.

Así las cosas, y retomando el hilo conductor de Drewermann, el futuro clérigo llega a sentir que su venida a este mundo ha contribuido a incrementar la situación dolorosa que ya padecía la madre, lo que ocasiona en él un sentimiento de culpabilidad inconsciente que forma parte de la inseguridad ontológica. Se genera entonces un dinamismo inmolatorio, de servicio y entrega incondicionales, por medio del cual el hijo espera redimir a la madre. Pero en realidad, dicho movimiento responde más bien a un mecanismo compensatorio ante los sentimientos de inadecuación, carencia y vulnerabilidad que el hijo experimenta. Esta actitud sacrificial suele tener en sí misma un componente religioso, reforzado todavía más en el caso de una madre religiosa y devota, quien probablemente impulsará al hijo a abrazar los nobles ideales del sacerdocio. Llegados a este punto del proceso, no será difícil transferir dicha entrega a la Santa Madre Iglesia, como generosa actitud ante la llamada divina. Dios mismo ha elegido al sujeto para realizar la excelsa tarea de redimir a los demás –incluida la propia familia–, según el ejemplo de donación y sacrificio de Cristo. De este modo, la herida narcisista del aspirante al sacerdocio, relegada al inconsciente, ha quedado suplantada por la grandiosidad de haber sido escogido por el mismo Dios. (Nótense los paralelismos de la tesis de Drewermann con el caso del Lucien y con la génesis del trastorno narcisista).

Aunque Drewermann, desde el psicoanálisis, no contemple otras posibilidades para interpretar la vocación al sacerdocio, y sus ideas no siempre respondan a todas las situaciones, sin embargo son varios los autores que encuentran verdad en ellas. Uno de ellos es el fenomenólogo de la religión Martín Velasco, quien considera que la obra *Clérigos* y los problemas que plantea deben ser atendidos con honradez, a pesar de la forma inmisericorde en que está escrita. Refiriéndose a la clericalización de la Iglesia, este autor reconoce el clericalismo de los aspirantes al sacerdocio y su relación con la herida narcisista:

> Todas estas reorientaciones, nuevo episodio del proceso restaurador que vive la Iglesia católica, están teniendo como consecuencia el acceso a los seminarios y noviciados de numerosos jóvenes predeterminados por su propia psicología a la identificación con el estatuto clerical, patológicamente necesitados de seguridades externas, dispuestos a todas las privaciones con tal de acallar su angustia radical, y deseosos de compensar sus represiones con el ejercicio del poder sagrado en el que cifran lo esencial de su sacerdocio.[21]

El psiquiatra alemán Martin Flesch es autor de una obra, cuyo título en español es: *Los afectados. Espacios de sufrimiento psíquico en la Iglesia católica*, en la que expone que los trastornos del clericalismo narcisista son la causa de los graves sufrimientos que se dan en el abuso espiritual a los seglares. Para este terapeuta,

21. J. MARTÍN VELASCO, *o.c.*, 115.

experto en tratamiento de sacerdotes y víctimas de abuso –sobre todo espiritual–, la vocación sacerdotal y el apego al poder de los clérigos narcisistas son el mecanismo de escape para no afrontar los problemas de la propia personalidad. En una entrevista publicada en la revista alemana *Katholisch* –traducida en castellano–, Flesch afirma lo siguiente:

> El narcisismo es la piedra angular para las estructuras de abuso y sólo un requisito previo para el clericalismo persistente. Es un fenómeno eclesiástico que las personas suban a los puestos de poder para escapar de su propio sentido de insuficiencia, de no significar nada o no ser nada como un ser humano «normal». Los déficits psicológicos deben compensarse enriqueciendo la propia esfera de eficacia a través del poder y la influencia. Por eso, siempre llegamos a estructuras narcisistas a las que tenemos que hacer frente, si también queremos abordar de forma preventiva las estructuras de abuso... Lo que Drewermann diagnosticó hace más de 30 años sigue siendo actual y es verificable en la práctica.[22]

Como venimos viendo de más atrás, esta actitud de superioridad en la manera de vivir el sacerdocio no solo forma parte de la personalidad narcisista de ciertos clérigos, sino que constituye una atmósfera colectiva que afecta, al menos en parte, a la institución eclesiástica, por lo que el problema se encuentra reforzado. En efecto, la organización de la Iglesia, fuertemente jerarquizada, el refuerzo de la identidad eclesial frente a las sospechas y recelos de la sociedad actual, incluso ciertos postulados teológicos de corte esencialista y neoescolástico vienen a acrecentar el carácter clericalista de la institución. A continuación abordaremos algunos aspectos de este fenómeno eclesial que parece estar potenciándose en la actualidad.

---

22. M. FLESCH, «El narcisismo clerical es la piedra angular del abuso espiritual», entrevista en *Schoenstatt.org, 11, 11, 2022*, *schoenstatt.org*, consultado el 11/8/2023.

3. Sobre la «reclericalización» actual de la Iglesia

En el presente apartado intentaremos realizar un segundo acercamiento al clericalismo desde sus implicaciones eclesiales y sociales, en el contexto de pérdida de vigencia social de la Iglesia, y cómo la institución eclesial se posiciona actualmente ante la secularización. En este sentido, es oportuno acudir de nuevo a la obra de Martín Velasco, ya señalada, que sigue teniendo plena actualidad, aunque haya sido escrita en los años 90 del pasado siglo. En dicho volumen, se incluye el capítulo ya citado «El malestar del clero, expresión y causa del malestar de la Iglesia».[23] Dicho «malestar» corre en el doble sentido, pues el del clérigo y el de la Iglesia se alimentan mutuamente:

> Este malestar del clero y la crisis que está en su raíz repercuten considerablemente sobre el malestar de una Iglesia que institucionalmente sigue descansando en buena medida sobre el clero y que en los últimos años intenta responder a la crisis que atraviesa acentuando esa condición clerical que está en la raíz de buena parte de sus males.[24]

Martín Velasco continúa señalando los males que genera la clericalización de la Iglesia; entre ellos, las serias dificultades para la realización de Iglesia como «Pueblo de Dios», una imagen eclesiológica impulsada por el Concilio Vaticano II:

> ... la clericalización de la Iglesia es uno de los mayores obstáculos para la realización de la Iglesia como Pueblo de Dios, de acuerdo con los criterios evangélicos, y para su descubrimiento de la forma de presencia que le permita responder a las necesidades de nuestro tiempo; parece evidente que la respuesta a la actual situación de malestar religioso exige avanzar en la desclericalización en la Iglesia. En esa labor de desclericalización, se orientaron la teología

23. J. Martín Velasco, «El malestar del clero, expresión y causa del malestar de la Iglesia», en *o.c.*, 101-118.
24. *Ibíd.*, 102.

> y la praxis de la Iglesia que culminaron en el Vaticano II, aunque sin utilizar el término «desclericalización».[25]

No podemos negar que debajo del clericalismo siempre se agazapa, de forma más o menos consciente, el afán de poder y dominio. La historia nos ha dado amplias lecciones al respecto, ya que en las grandes culturas antiguas siempre existió una casta sacerdotal, considerada elegida y superior al resto del colectivo. La institución sacerdotal así empoderada ha debido siempre posicionarse ante el grave riesgo de apropiación del Absoluto, como forma de poder por parte de la institución. J. Melloni señala que, en tales situaciones históricas, la plenitud del Misterio que ha sido otorgada y confiada a la religión queda secuestrada y reducida a totalidad. Este autor describe esa perversión con bastante acierto:

> Las religiones se hacen indigestas –no solo indigestas, sino sumamente peligrosas– cuando pretenden apoderarse del Absoluto. Porque les ha llegado un destello de Aquello, piensan en haberlo agotado. El Infinito agotado es esta totalidad blindada, agresiva y oscura, pernicioso producto que nuestra generación no tolera porque ha producido demasiadas víctimas. Se reconoce que una plenitud ha sido reducida a totalidad por la crispación con que se defiende.[26]

Martín Velasco acierta a establecer una estrecha relación entre el fenómeno del clericalismo eclesiástico y el modelo histórico de Iglesia «sociedad perfecta», ampliamente representado a lo largo de la historia, que ha hecho posible la instauración de una cultura eclesial fuertemente clericalizada. Este modelo responde a una estructura piramidal, sólidamente consolidada y jerarquizada, en la que se distinguen dos tipos de miembros bien diferenciados: los *pastores*, que enseñan y mantienen el poder de santificar, y los *laicos*, por debajo de ellos, que son objeto de la misión docente, pastoral y santificadora por parte de los pastores. Por otra parte,

25. *Ibíd.*, 115.
26. J. Melloni, 2011, 44.

el estatuto clerical comporta otro rasgo de Iglesia «sociedad perfecta», que se visibiliza en medio de las sociedades en que dicho modelo se acoge: los ministros son los portadores y administradores de lo sagrado. Mediante este atributo, los pastores se legitiman, en medio de tales sociedades, con un poder sobrenatural que solo ellos poseen, situando a la Iglesia por encima del resto de las instituciones de la sociedad. El psicoterapeuta C. Barrionuevo, en sintonía con la tesis de Martín Velasco, considera que este modelo de Iglesia contiene y potencia en su misma esencia la plaga del clericalismo narcisista que padece la institución eclesiástica. Estas son sus palabras:

> ... el funcionamiento de la Iglesia católica padece, estructuralmente, de un narcisismo que se refleja en un tipo de cultura eclesial que acentúa la separación entre el mundo del clero y el laicado, afirmando el carácter especial, sagrado y superior del primero. En una palabra, el narcisismo institucional de la Iglesia católica se despliega en una cultura religiosa que se encuentra infestada del problema del clericalismo.[27]

No es de extrañar que este patrón eclesial, fuertemente jerarquizado y dividido en *dos pisos,* estuviera a la base de lo que en Occidente se ha llamado *estado de cristiandad*, en el cual el cristianismo impregnaba todas las dimensiones de la sociedad. Tuvo sus luces y sombras históricas, pero ha sido seriamente cuestionado en la modernidad, lo que ha supuesto una significativa pérdida de influencia de la Iglesia en la sociedad occidental.

Dos acontecimientos importantes han contribuido decisivamente a ello, impulsando a la Iglesia a realizar un proceso de *desclericalización* en favor de otras posibilidades de realización cristiana, menos clericales y más acordes con los signos de los tiempos. Un primer acontecimiento, que ha colaborado en la simplificación del aparato institucional eclesiástico, tiene que ver con el proceso de secularización de las sociedades occidentales. La autonomía de las

27. C. BARRIONUEVO, o., c., p. 132.

realidades temporales y la pluralidad de opciones de sentido inherentes a la secularización obligan a la Iglesia a desterrar la idea de ser el único sistema que dé respuestas de sentido a la existencia humana. El segundo acontecimiento ha sido el Concilio Vaticano II y el modelo eclesiológico propuesto, que supuso una transformación importante en la conciencia de la Iglesia y una superación del modelo «sociedad perfecta», dominante hasta ese momento. La apuesta del Concilio por una Iglesia «Pueblo de Dios», en el que los laicos debían recuperar su voz y su lugar, propició el debilitamiento de no pocos aspectos en los que se apoyaba hasta ese momento el fenómeno del clericalismo de los ministros.

Sin embargo, la crisis religiosa que estos acontecimientos produjeron en no pocos ministros ordenados y el temor a un cierto resquebrajamiento de la institución eclesiástica, ha conducido a la Iglesia a un cambio de rumbo en la actualidad. Martín Velasco llama «reclericalización» a este fenómeno que está teniendo lugar en la institución eclesiástica y en una parte importante del clero, especialmente del clero joven. En esta línea restauracionista parece orientarse, entre otras, las normas y directrices en la formación de seminarios, noviciados y casas de formación. Sin embargo, no son pocos los presbíteros que, habiendo vivido el fracaso histórico de una Iglesia «sociedad perfecta», experimentan con desconcierto y dolor que la solución a la crisis religiosa actual sea abordada mediante la recuperación del talante clerical. Martín Velasco se lamentaba, a finales del siglo pasado, de este «golpe de timón» eclesial en los siguientes términos:

> Consideramos lastimosamente errada toda estrategia pastoral orientada a la reclericalización de la Iglesia y pedimos en consecuencia que se deje a las comunidades cristianas libertad para continuar con una forma de encarnación del ministerio ordenado no clerical y métodos de formación que orienten hacia formas más humanas, libres y evangélicas de vivirlo.[28]

28. J. Martín Velasco, *o.c.*, 116.

V

LA SUPERACIÓN DEL NARCISISMO CLERICAL Y SUS DIFICULTADES

En el silencio encontré Tu Voz.
(película *Silencio*, de M. Scorsese)

Somos cada vez más conscientes de que todo proceso de crecimiento humano debe asumir e integrar las distintas dimensiones de la persona, dando la razón al dicho teológico de que lo no asumido no puede ser redimido, cuando retenemos aquello a lo que nos resistimos. La necesidad de esta integración, desde la perspectiva cristiana, tiene su fundamento en que la unión inseparable entre lo humano y lo divino, realizada en el Misterio de la Encarnación, no acontece solo en Jesús de Nazaret, sino que se prolonga y visibiliza en cada uno de nosotros.[1] En este sentido, desde la síntesis que estamos impulsados a realizar hoy, asistimos a un progresivo acercamiento entre psicología y religión/espiritualidad en el que se están superando –no sin dificultades– antiguos recelos que impedían un sincero diálogo por ambas partes.

1. A propósito de la dimensión integradora de toda la realidad, son acertadas las palabras de Cencini y Manenti del Misterio como: «la perspectiva ulterior y luminosa presente en cada instante de la vida y en toda la realidad, dentro y fuera del hombre. Es el punto central que permite mantener abiertas todas las polaridades aparentemente contrapuestas de la vida misma y del ser humano». A. CENCINI y A. MANENTI, *Psicología y Teología*, Sal Terrae, Santander, 2016, 297.

Es cierto que no se puede reducir la existencia del ser humano a lo puramente psicológico –caeríamos en la trampa del *reduccionismo psicologista*–, pero tampoco es acertado entender la espiritualidad como un constructo ilusorio y escapista, propio de *espiritualismos evasores*. Estamos de acuerdo en que la tarea de la psicología y la tarea de la espiritualidad se refieren a dimensiones diferentes del ser humano. La primera se ocupa en reconocer y sanar las estructuras e identificaciones que se encuentran atrapadas en la psique, mientras que la segunda pretende trascender las estructuras psíquicas e identificaciones que nos condicionan y limitan. Pero el trabajo psicológico y espiritual constituyen dos cometidos inseparables que, incluso en algunas situaciones, llegan a solaparse. Recordando a san Juan de la Cruz, no sería tan errado admitir la paradoja de que la tarea psicológica se orienta al *conocimiento de sí*, mientras que la espiritual la trasciende, mediante el *olvido de sí*.

Refiriéndonos a la dimensión psíquica, hay que reconocer que todos arrastramos heridas que vienen de lejos, fragmentos de nuestro ser no reconocidos ni perdonados por nosotros mismos, desencadenantes de focos de neurosis que bloquean y paralizan el despliegue de nuestra plenitud. La psicología moderna descubrió que estamos condicionados por el inconsciente personal y colectivo, cuyo reconocimiento ayuda a desvelar la unidad existente en cada uno y en todos. Es bueno recordar que el mundo del inconsciente no es solo el lugar donde se agazapa lo reprimido, sino también el espacio sagrado donde vela oculto el «Dios escondido» (Is 45,15). Por otra parte, varias corrientes importantes de la psicología actual reconocen que la dimensión religioso-espiritual es constitutiva del ser humano, la cual –bien entendida– llega a ser necesaria y beneficiosa para la salud psíquica. Por su parte, la religión, cuando se compromete sinceramente con la transformación espiritual de la persona, ve con buenos ojos la necesidad de acompañar los procesos de conversión –en el caso del cristianismo– y discernimiento acogiendo los condicionamientos humanos y biográficos, que son objeto de la psicología.

A medida que se conoce más la interioridad, puede constatarse que algunas desviaciones y patologías que aparecen en la vida adulta encuentran su origen en heridas iniciales de la vida, las cuales dejan siempre su impronta poco saludable, a menudo soterrada bajo capa de falsa seguridad. No llegar a reconocer ni aceptar de adultos esa fragilidad, pasará siempre la dolorosa factura del autoengaño, como mecanismo de defensa y represión. Estos hechos no excluyen a aquellas personas que hacen una opción por la vida sacerdotal o religiosa. Todo lo contrario, en estas personas aparecen condicionamientos específicos vinculados a los procesos vocacionales y a ciertos estilos de praxis ministeriales que pueden ser perturbadores. No es de extrañar que los místicos hayan insistido en el imprescindible conocimiento de uno mismo para llegar a la unión con Dios. Sirva como «botón de muestra» la conocida expresión de santa Teresa, fruto de su experiencia personal: «tengo por mayor merced del Señor un día de propio y humilde conocimiento, aunque nos haya costado muchas aflicciones y trabajos, que muchos de oración» (*Fundaciones* 5,16).

El camino del autoconocimiento se hace especialmente problemático en las personas que padecen niveles altos de narcisismo. La causa de este impedimento se debe a la dificultad que existe en ellas para reconocerse en ese estado ciegamente egocentrado. En el caso de los clérigos con trastorno narcisista, aparecen poderosos mecanismos de defensa específicos que apuntalan y refuerzan dicha actitud, los cuales inciden en la vivencia del ministerio sagrado entendido como una forma de poder, que pueden emplear a su antojo.

Se necesita una gran capacidad de introspección y discernimiento para descubrir que la vocación, en algunos casos, ha sido la tapadera para ocultar deficiencias personales, a veces inconfesables, lo que no tiene por qué invalidar la opción ministerial, máxime cuando se toma conciencia de tales heridas. De aquí surge la necesidad del acompañamiento personal por parte de una persona capacitada para ello; sin olvidar que también la guía espiritual presenta sus trampas inconscientes, debido a fenómenos proyectivos y de transferencias afectivas por ambas partes. Un buen guía es aquel que ayuda a discernir, que se compadece de las debilidades del acompañado y que contribuye a que la persona que acompaña se vaya transformando. Por otro lado, no dejan de recordarnos los más experimentados en este tema que el acompañante solo puede ayudar a otros hasta el grado de experiencia psico-espiritual que él previamente ha alcanzado, no más allá. Reconocer esta realidad por parte del que acompaña, y obrar en consecuencia, es un acto de auténtica humildad y sabiduría. Puede ser recomendable, en algunos casos, que el proceso de discernimiento guiado se complemente, además, con la realización de un trabajo psicoterapéutico.

Dedicaremos las páginas de este capítulo a reflexionar sobre estas cuestiones, necesarias para que el aspirante al ministerio y el sacerdote puedan realizar un lúcido discernimiento. Por otra parte, no podemos olvidar las enseñanzas que nos transmiten los místicos cristianos, que afortunadamente comienzan a ser recuperadas hoy. Los mensajes de la mística, convenientemente actualizados, representan una riqueza inestimable que estos hombres y mujeres ponen a nuestra disposición, y que no debemos olvidar en este momento histórico. Todos estos aspectos son dimensiones constitutivas de un proceso unitario que resulta a la vez indivisible e integrador, aunque lo abordemos aquí dividido en los epígrafes que siguen. Sin duda se trata de un camino de sanación, una vuelta a casa, que requiere de una profunda humildad y apertura, nada fácil de conseguir, pero que conduce a una auténtica libertad y realización del ministerio.

1. Un discernimiento acompañado. Sobre los imaginarios afectivos y sacrificiales

La crisis por la que pasa actualmente el sacerdocio está poniendo en evidencia la necesidad de acompañar un discernimiento que integre las dimensiones humanas junto a las espirituales, proceso que debería iniciarse en seminarios y noviciados. El discernimiento es una forma de proceder desde convicciones interiores, mediante las cuales es posible tomar decisiones y ordenar la vida en sintonía con el espíritu, además de contribuir eficazmente al conocimiento de uno mismo. Dicho en lenguaje cristiano, gracias al discernimiento, el sujeto y el grupo alcanzan a conocer y aceptar la voluntad de Dios. Supone un proceder en el que intervienen las dimensiones mentales y afectivas, a fin de acceder, mediante los sentidos interiores o *mociones*, a un conocimiento espiritual. Este proceso requiere de silenciamiento interior y de capacidad de escucha, que permiten ver con perspectiva la realidad que se necesita atender, tal y como se presenta, evitando toda manipulación, preferencia o dominio. El acompañamiento personal se hace necesario en el proceso de discernir, debido a los engaños y desenfoques en los que es fácil caer cuando el camino se realiza en solitario. La vocación al sacerdocio y a la vida consagrada necesitan ser discernidas seriamente en la formación de los aspirantes y en determinados momentos decisivos de la vida de los ministros de la Iglesia, dada la necesidad de iluminar la vida personal y la praxis pastoral.

No son pocos los que piensan que muchas de las quiebras que se producen en los ministros ordenados encuentran su origen en las etapas de formación. En la preparación de los futuros ministros se suele insistir en aspectos doctrinales, teológicos y litúrgicos, pero parece que se atienden menos las dimensiones de crecimiento integral de la persona, maduración afectiva y relaciones interpersonales, cuestiones estas que necesitan de un asesoramiento psicológico lúcido y eficaz.[2] Este desequilibrio entre la dimensión ministerial y la humana, unido a la inadecuada selección de candidatos al sacerdocio, favorece el modelo de sacerdote «funcionario eclesiástico» y la tendencia al clericalismo. Benedicto XVI, en su carta dirigida a los católicos de Irlanda, con motivo de los abusos sexuales del clero, señaló con valentía estos temas:

---

2. No deja de resultar sintomático que en la visita canónica encargada por el papa Francisco a los seminarios españoles, en los primeros meses del año 2023, se haya percibido como primeras impresiones: «carencias notables en el acompañamiento hacia una madurez afectiva de los candidatos, cierta ideologización en la formación teológica y pastoral, así como una querencia nostálgica en algunos casos preconciliar», en *vidanuevadigital.com* 2023/10/31, visitado el 21/11/2023. El encuentro de Francisco y del Dicasterio del Clero con los obispos españoles en Roma, en noviembre de ese año, abordó la actualización de los seminarios españoles como tema central.

> Ciertamente, entre los factores que han contribuido a ella (la crisis actual), podemos enumerar: los procedimientos inadecuados para determinar la idoneidad de los candidatos al sacerdocio y a la vida religiosa, la insuficiente formación humana, moral, intelectual y espiritual en los seminarios y noviciados, la tendencia de la sociedad a favorecer al clero y otras figuras de autoridad y una preocupación fuera de lugar por el buen nombre de la Iglesia y por evitar escándalos, cuyo resultado fue la falta de aplicación de las penas canónicas en vigor y de la salvaguardia de la dignidad de cada persona.[3]

El ya citado Martin Flesch, desde su experiencia terapéutica, comparte también esta visión, y considera imprescindible, para prevenir el clericalismo, que la dimensión humana deba abordarse seriamente en la formación de los que optan por el sacerdocio. El seguimiento personal resulta imprescindible para poder descubrir las auténticas motivaciones que subyacen en la opción al ministerio. Esta guía no debe excluir a los aspirantes mayores, pues, aunque hayan realizado otros estudios y tengan más experiencias vivenciales, pueden no haber alcanzado un nivel de maduración humana suficiente, a pesar de tener más años que la media. Flesch cree que actualmente en los seminarios existe una desproporción entre la formación de la persona y la formación para el cargo, a favor de esta última. Con otras palabras, se prima el hacer del sujeto un buen funcionario eclesiástico. Con este proceder, el problema del clericalismo no se superará, ni tampoco se logrará una personalidad equilibrada, reconciliada consigo misma. Flesch dice al respecto:

> Con clérigos y religiosos que encuentran su camino en mi consulta, me siguen diciendo las mismas cosas. Desde muy pequeños sintieron una fascinación por la religión. Muchos dicen que la vocación era y es el único camino posible en su vida, sin poder derivar la legitimidad al sacerdocio, por ejemplo sobre la base de «haber sido elegido».

3. *Carta Pastoral de Benedicto XVI a los católicos de Irlanda*, 4, 2010.

> La vocación es vista como un lugar que da protección y seguridad, pero también fue vivida como un intercambio de roles y vidas. Muchos que poseen un grado de introspección descubren que han visto la vocación como una compensación por las deficiencias personales. Pero lo que todos parecen tener en común, si los acompañas el tiempo suficiente, es el miedo al enfrentarse con su propia sexualidad, las habilidades de relación y la libertad en el momento de la decisión por la vocación.[4]

El complejo mundo afectivo-sexual de cualquier persona es esencialmente constitutivo no solo de la psique, también de las dimensiones más profundas del alma. La maduración en estos aspectos esenciales es un proceso con muchos e inconfesables recovecos que deberían ser iluminados en un lúcido proceso. El grado de *sublimación* que requieren el celibato y el voto de castidad no suele alcanzar su pleno desarrollo *a priori*, es un proceso paulatino que supone no pocas renuncias. Puede existir mucha inmadurez en este terreno bajo capa de espiritualismo y moralidad. Sería conveniente recordar que el necesario y difícil camino de sublimación, mediante el cual la pulsión afectiva-sexual es reconducida psíquicamente hacia el imaginario religioso-trascendente, puede quedar obstaculizado y suplantado por la idealización egoico-narcisista, que siempre acaba siendo engañosa e inauténtica.[5]

---

4. M. Flesch, *o.c.* En la misma línea que Martin Flesch, José San José se lamenta de que la formación en los seminarios haya descuidado, por parte de los formadores, el acompañamiento humano de los seminaristas, en sus dimensiones afectivas e interpersonales. J. San José, «Nunca van a faltar crisis en la vida de los sacerdotes», en G. Daucourt, *Sacerdotes rotos*, Sígueme, Salamanca, 2023, 114. En esta misma obra, J. San José se refiere muy brevemente al clericalismo en los siguientes términos: «La profesión de un clericalismo militante de carácter autoritario puede estar en el origen de no pocos abusos (y no nos referimos específicamente a los abusos sexuales, sino más bien a los abusos espirituales, de poder y de conciencia)», 100-101.
5. En tales casos: «Solo se lleva a cabo un engrandecimiento imaginario del objeto, con la intención inconsciente de propiciar un sentimiento de omnipotencia del Yo. En esa exaltación del objeto, en efecto, lo que tenemos es el reflejo de un ideal de sí mismo, de ese modo engrandecido. Es como el nacimiento de un nuevo *ego* narcisista», en C. Domínguez, 2020, 294.

Es cierto que existe un número de casos en los que la pulsión libidinal del ministro ha podido elaborarse de modo adecuado, en diferentes contextos y situaciones personales, durante el proceso vocacional y la vida sacerdotal. Pero también es posible atisbar ciertos rasgos comunes en la biografía de sacerdotes, seminaristas y religiosos que es necesario reconocer y trabajar, ya que nos estamos refiriendo a una vocación muy específica que obliga al celibato o al voto de castidad.

C. Domínguez, a propósito del fenómeno de la *transferencia*, entendida como tendencias afectivas ocultas que reaparecen e interfieren inconscientemente en las relaciones adultas –incluido el acompañamiento personal y las relaciones pastorales–, se adentra en los entresijos de la historia afectiva del sacerdote, de la que hemos hecho referencia. Este autor se detiene con detalle en las claves que influirían en la elección del celibato o la virginidad consagrada, al tratarse de una opción muy específica dentro del imaginario afectivo-sexual. Desde una perspectiva psicoanalítica, parece confirmarse una gran influencia de la figura materna en la opción celibataria, lo que genera en el niño una afectividad desexualizada. Dicha relación madre-hijo suele excluir la apertura a otra relación erótico-afectiva, con el grado de inmadurez que dicha limitación puede suponer. En este dinamismo se gestaría una predisposición inconsciente del psiquismo para abrazar el celibato.

C. Domínguez, siguiendo también las aportaciones de otros profesionales con experiencia terapéutica con seminaristas, sacerdotes y religiosos, señala dos aspectos que vienen a reforzar el vínculo entre ministerio y celibato. Por una parte, si la madre es religiosa, es probable que pronto impulse al hijo a la opción por el sacerdocio o a la vida consagrada, de modo que los deseos de la madre acaben siendo realizados con el sacerdocio de su hijo. Por otra, esta situación puede ir aparejada, en cierto número de casos, por la indiferencia o conflicto respecto a la figura paterna, lo que refuerza el apego mutuo madre-hijo, como ya hemos indicado. El futuro ministro suplanta, de alguna manera, el lugar deficitario del padre, cuya figura es menos considerada que la de la sufrida y religiosa madre.

De este modo, la fijación en la propia madre dificulta el despliegue de una masculinidad madura del hijo, que necesita para su realización del saludable encuentro y acompañamiento con la figura paterna. Dicha influencia del padre parece no estar tan presente –al menos en algunos casos– en el tema que nos ocupa. En esta situación, el hijo reemplaza al padre y se apropia del rol paterno, atribuyéndose a sí mismo la figura de «padre y pastor». A propósito de las consecuencias narcisistas y clericales que desde el punto de vista psicoanalítico supone este mecanismo de suplantación, C. Domínguez expone lo siguiente:

> Pero, en realidad, (este pastor) no conoce sino al «padre imaginario», figuración de sus sentimientos de omnipotencia infantil, con la que se ha identificado; o, dicho de otro modo, la expresión de una imagen inflada de sí mismo. En su función pastoral, la administración de los sacramentos y de la palabra servirán entonces para alimentar la omnipotencia de dicha identificación imaginaria. La continua propensión a responder a lo que supone ser el deseo del otro con el objeto de no desagradarle constituirá uno de los rasgos fundamentales de su relación pastoral. Al mismo tiempo, esta situación, será también un terreno abonado para la identificación megalomaníaca con la doctrina y la moral (tradicionales o progresistas) que predica y presenta a los demás.[6]

Por caminos bien diferentes, existen interesantes convergencias en este tema entre lo que acabamos de ver y las ideas desarrolladas por Bert Hellinger desde la perspectiva de la *Psicología sistémica*

---

6. C. DOMÍNGUEZ, *Creer después de Freud*, san Pablo, Madrid, 1992, 303. Recordando lo visto más arriba, puede establecerse una cierta correlación entre el modelo de *madre posesiva*, que impide el acceso del hijo sacerdote al padre, y la Santa Madre Iglesia, cuando a veces dificulta el acceso de sus ministros al Padre-Dios. Por otra parte, como indica este autor, cuando la fijación materna es bastante intensa, puede generar una homosexualidad latente o manifiesta. Parece que el número de sacerdotes homosexuales es significativo, pero lo importante para optar al sacerdocio, de acuerdo con C. Domínguez, no sería la condición homosexual en sí misma, sino cómo esta se integra en la afectividad y en las diferentes dimensiones de la vida.

familiar. Este autor, exsacerdote alemán y psicoterapeuta, ha trabajado y divulgado una terapia de los sistemas familiares no contrastada científicamente, con la que es legítimo tener prevenciones o estar en desacuerdo. Pero los postulados generales que este alemán descubre en el inconsciente familiar proporcionan interesantes hipótesis sobre los vínculos profundos entre sus miembros, que, de entrada, no sería bueno despreciar.

Uno de estos principios fundamentales señalados por Hellinger consiste en reconocer y respetar lo que él llama «órdenes del amor». Dicho orden consiste en la aceptación respetuosa de que el amor aparece ordenado generacionalmente en la familia, como condición para un sano equilibrio del sistema familiar. Esto significa tener presente siempre que el orden de los padres es anterior y superior al de los hijos, y no debe ser suplantado por ningún descendiente, so pena de trastornar los vínculos paternofiliales, que devendrían entonces problemáticos.[7] Ocupar el lugar del padre, suplantándolo, como venimos de ver en el caso de vocaciones sacerdotales derivadas de la fijación materna, es un acto de arrogancia por parte del descendiente. Este movimiento ocasionará, según Hellinger, un desequilibrio en quien lo realiza y una disfunción en las relaciones mutuas padre-hijo.[8]

Pasando al tema sacrificial, no viene mal abordar aquí algunos significados que configuran la realidad poliédrica del sacrificio, ya que el sacerdote está destinado a realizarlo (*hacer lo sagrado*). Existen dos significados del término que corren por caminos diferentes. Por una parte, el sacrificio puede ser entendido como *ofrenda*; por otra, también se experimenta como *expiación*. La primera acepción supone un gesto amoroso de donación y gratuidad que juega

7. B. HELLINGER, *Órdenes del amor. Cursos seleccionados de Bert Hellinger*, Herder, Barcelona, 2005. La aceptación de la superioridad de los padres, por el hecho de haber dado la vida a los hijos, forma parte del núcleo del Cuarto mandamiento, y aparece explicitada en el Libro del Eclesiástico: «Dios hace al padre más respetable que a los hijos y afirma la autoridad de la madre sobre la prole. El que honra a su padre expía sus pecados». (Eclo 3, 3-4).

8. Este desplazamiento del padre, que puede realizar el hijo, recuerda, en el simbolismo paulino del cuerpo, al miembro que dice a otro miembro: «¡No te necesito!» (1Cor 12,21).

a favor de la vida. La segunda, lleva implícito un componente de autocastigo, vinculado con la culpa, que se mueve más –a diferencia del primer significado– en una dinámica de muerte que de vida.

Por otra parte, la tradición cristiana ha dado pie a asociar el tema de la culpa con el de una deuda grande contraída con Dios, que es necesario pagar. Estas dinámicas sacrificiales han sido potenciadas en base a la interpretación de la muerte de Cristo como sacrificio expiatorio con el que se paga al Padre la deuda contraída por la humanidad primigenia.[9] Se hace necesario recolocar, en un sincero proceso de maduración, esta instancia culpabilizadora de autocastigo, a menudo tan desgastadora, propiciada por un *superyó* que puede actuar de forma inmisericorde. El modelo de sacerdote identificado como «leguleyo» o «sacrificante» por C. Domínguez, ya mencionado, responde muy bien a esta dinámica sacrificial nada saludable, que trata de ser calmada mediante el moralismo voluntarista. Sobre este tipo de actitudes, el jesuita Mariano Corbí dice lo siguiente:

> Las personas que se edifican desde la creencia y la voluntad son duras, aunque pretendan con su voluntad ser misericordiosas y tiernas, porque son personas con el sentir paralizado por la sumisión. Quienes se construyen como hombres religiosos desde la creencia y la voluntad, hacen de la religión un deber, arduo deber... El camino de los maestros no es el cumplimiento de un deber, es la consecución de un gozo creciente, de la reconciliación con todo.[10]

Bert Hellinger también estudió el origen profundo de ciertos sentimientos de culpa que se traducen en dinámicas sacrificiales de inmolación de la vida. Desde los planteamientos de la terapia sistémica familiar ya aludida, este autor se refiere a un recóndito mecanismo inconsciente que afecta a menudo a algún descendiente

9. Sobre este tema, ver: J. S. BÉJAR, «Consideraciones soteriológicas sobre el concepto de deuda», *Proyección*, Granada, 262, 2016, 259-270. Sirva como ejemplo de lo dicho más arriba el fragmento del Pregón Pascual: «Porque Él ha pagado por nosotros al eterno Padre la deuda de Adán, y, derramando su sangre, canceló el recibo del antiguo pecado».

10. M. CORBÍ, *El camino interior. Más allá de las formas religiosas*, Bubok Publishing, Madrid, 2013, 34-35.

del sistema familiar, el cual tiende a cargar sobre sí los problemas y desgracias no resueltos de sus antepasados. Estos movimientos se manifiestan más frecuentemente en el caso de algún hijo que siente el impulso de sacrificar su vida a los padres, o a uno de ellos. Según Hellinger, dicho impulso responde a un movimiento inconsciente arcaico, de naturaleza mágica, que hace creer al hijo que, de esta manera, va a hacerse merecedor del amor incondicional de sus progenitores. Lo mueve una fuerza compulsiva latente en el sistema familiar que se despliega en la biografía del hijo, dando la razón al dicho: «hay amores que matan». Este mecanismo expiatorio consigue «efectos nefastos», en palabras de Hellinger, pues juega a favor de impulsos de muerte y no de vida.

En algunos casos, estos estímulos pueden entenderse de manera religiosa-expiatoria desde el autocastigo, transfiriéndose como sacrificio a Dios, y concretándose a través de la vocación sacerdotal o religiosa. Por tanto, en un trabajo personal, es importante caer en la cuenta de estas claves inmolatorias, tan desconocidas para el sujeto, y poder desactivarlas, ya que, en caso de existir, pueden constituir todo un hilo conductor que marque la propia biografía y la praxis pastoral. Por otra parte, si se realizara dicha entrega expiatoria a los padres, el hijo se situaría sin saberlo por encima de ellos, creyéndose redentor y más poderoso, con la dosis de omnipotencia narcisista que ese mecanismo representaría. La existencia de estas dinámicas inconscientes no necesariamente invalida una vocación, pudiendo tener elementos valiosos y auténticos que merecen la pena mantener y desarrollar.

2. La necesaria integración espiritualidad-compromiso

Espiritualidad, interiorización, mística, meditación... Son términos usados –a veces abusados– que se están difundiendo en nuestra sociedad, señales de un despertar interior que busca encontrar un sentido más profundo a la existencia. Son cada vez más numerosos los grupos que, por caminos diferentes, se sienten llamados a plantear una alternativa a la alienante dominación del progreso técnico. Progreso que, en la modernidad, condujo al olvido de las dimensiones interiores, al haber reducido la razón humana a la sola razón técnica-instrumental. Hemos redescubierto hoy que la espiritualidad es una realidad antropológica constitutiva y esencial de todo ser humano, llamada a integrar todas las dimensiones del ser. No se trata de un añadido exclusivo de creyentes o reducido solo a prácticas religiosas. Representa, para cada persona y para cada colectivo, un tránsito de la oscuridad a la luz, una traslación de la precariedad a la plenitud, una sanación de heridas, que posibilitan la presencia del Reino de Dios en nosotros.

En clave cristiana, la espiritualidad se concreta en la experiencia del Dios de Jesucristo que transforma la vida. Si toda experiencia espiritual verdadera supone el paso del yo posesivo egoico a un yo que es donación y entrega, abierto a compartir la vida con los demás, todavía más en la espiritualidad cristiana, que postula, como principio fundamental, que el acceso a lo divino solo se alcanza a través de lo humano, visibilizado en la fraternidad. Desde este presupuesto, resulta impensable desde la perspectiva cristiana la escisión entre espiritualidad y compromiso. Por consiguiente, esta inseparable unión será siempre el criterio ineludible para calificar una espiritualidad de verdadera. De lo contario, incurriríamos en falsas espiritualidades de corte narcisista, propias de un ego inflado disfrazado de espiritual, a menudo más engañoso y perturbador que el *ego mundano*. Este es uno de los peligros amenazantes que generan sospechas hoy día: la trampa de pseudo espiritualidades visiblemente egocentradas.

No obstante, la integración espiritualidad y compromiso no resulta siempre fácil, y estará condicionada en todos los casos por la naturaleza de cada sujeto y por sus influencias biográficas, como hemos señalado en páginas anteriores, Tales determinaciones hacen posible la existencia de personas más inclinadas al polo espiritual-contemplativo y otras más atraídas por la dimensión activa-comprometida. Estas variaciones también se presentan con toda legitimidad entre ministros ordenados y personas consagradas, y representan una riqueza de dones y carismas en la vida de la Iglesia. Sin duda, un discernimiento sincero, como venimos de ver, proporcionará acertados criterios para no incurrir en las trampas que tanto la espiritualidad como el compromiso pueden tender. Dedicaremos este apartado a concretar algunas de estas desviaciones, que también acechan a la vida de los ministros y consagrados.

Una de las distorsiones, especialmente peligrosa en los pastores de la Iglesia, es la apropiación del Misterio de Dios. Esta forma de posesividad religiosa pervierte la imagen de Dios, al corromper el «icono» depravándolo en «ídolo», como señala J. Melloni, quien añade: «La iconización desapropia, mientras la idolatración retiene. La iconización expande, mientras que la idolatría crispa».[11]

Con formulaciones diferentes, pero en torno a la misma idea, Hellinger considera que la verdadera actitud religiosa debe estar en sintonía con la vida, lo que requiere de un alto grado de autoconciencia, humildad y respeto. Para este psicoterapeuta alemán, dicho movimiento interior comporta el detenimiento reverencial de la persona religiosa ante el Misterio de lo divino, que no debe ser manipulado. Se trata del mismo mandato que recibe Moisés desde la zarza ardiente: «no te acerques» y «descálzate» (Éx 3,5), expresiones que apuntan a la desapropiación de lo sagrado, que obliga a respetar humildemente el límite que impone, para liberarlo de cualquier manipulación o dominio. Ocultar y suplantar la manifestación de Dios, a costa de imponer la propia determinación egoica, es una tentación manipuladora que acecha siempre al ministro ordenado en su praxis. Según Hellinger, no siempre se da la necesaria actitud de acogida reverencial en las religiones:

> Mirando a personas religiosas vemos que son conscientes de depender de fuerzas cuyo actuar permanece misterioso... Esta es la verdadera actitud religiosa. Nos lleva a dar más bien un paso hacia atrás que no hacia adelante, está libre de reivindicaciones y está en concordancia y en paz. Yo la llamo religión del alma... En consecuencia, la religión se degenera en el punto en que pretendemos descubrir el misterio y manejarlo en lugar de respetarlo.[12]

---

11. J. Melloni, 2011, 48.
12. B. Hellinger, *Religión, psicoterapia, cura de almas. Textos recopilados*, Herder, Barcelona, 2002, 172.

La espiritualidad corre también el riesgo de mutarse en espiritualismo, cuando la personalidad religiosa queda atrapada en manifestaciones espirituales insanas y desencarnadas de la realidad. El psicoterapeuta John Welwood emplea el término *bypass espiritual* para designar una utilización engañosa de las ideas y prácticas espirituales, como pretexto para eludir cuestiones importantes de la personalidad que habría que reconocer y sanar. Según este autor, dicho mecanismo es frecuente en personas propensas a compensar la falta de autoestima y las deficiencias personales mediante la práctica espiritual. Esta manera de ejercitar la espiritualidad bloquea el proceso de transformación de la persona, al desconectarlo de la realidad y propiciar el narcisismo. La espiritualidad, en estos casos, se convierte en el caldo de cultivo para fortalecer un ego religioso, que acaba siendo engañoso y manipulador.[13] Las palabras del propio Welwood son altamente aleccionadoras:

> Utilizar la espiritualidad para tratar de compensar los defectos de individuación... nos expone a una multitud de peligros que acechan a quien emprende un camino espiritual, como el llamado materialismo espiritual (que consiste en utilizar la espiritualidad para apuntalar un ego inseguro), la grandiosidad y la inflación, la mentalidad «nosotros contra ellos», el pensamiento de grupo, la falta de discriminación y la fe ciega en un maestro carismático... Así es como la práctica espiritual se ve secuestrada por identidades inconscientes y utilizada para reforzar los mecanismos de defensa.[14]

C. Barrionuevo emplea también el término *bypass espiritual* en el mismo sentido de J. Welwood, aplicado a los procesos narcisistas propios de los ministros y de la institución eclesiástica, siendo una de las raíces que subyace en los abusos sexuales dentro de la Iglesia. Dicho mecanismo espiritualista propicia, según este autor, las relaciones de poder, en un modelo eclesiológico de

13. J. Welwood, *o.c.*, 274-281.
14. *Ibid*, 276.

corte monárquico, favorecido por cierto imaginario teológico-espiritual que valida la excelsitud sobrenatural y el rol del sacerdote de manera exagerada.[15] Pensemos en un joven que, al estilo del protagonista de la novela de Sartre, señalada por Drewermann, esconde sus tempranas deficiencias personales no reconocidas bajo la excelsa idea de haber sido elegido por el mismo Dios. Hemos insistido reiteradamente a lo largo de estas páginas que este mecanismo está en el mismo origen del narcisismo clerical, pero no es fácilmente detectado. Por este camino, se desemboca en el funcionariado eclesiástico del sacerdocio, que supuestamente se considera respaldado y querido por Dios.

Sería imprescindible, por coherencia con el proceso de conversión y de opción sacerdotal y religiosa, desenmascarar y purificar dichos componentes engañosos de la personalidad en el caso de presbíteros y religiosos. De la misma manera, y con sincero discernimiento vocacional, debe ser también un objetivo prioritario en seminarios y noviciados. Este proceso purificador constituye una las opciones más decididas del pontificado del papa Francisco, quien es consciente del grave daño que el clericalismo provoca en la Iglesia. Sin embargo, por diversas razones, entre las que entran el fenómeno de la «reclericalización» en la estructura eclesiástica, esta suplantación engañosa de la vocación no es siempre visibilizada ni reconocida, impidiendo así su superación. Permanece, de este modo, soterrada y enmascarada, a menudo bajo capa espiritualista de fiel obediencia a los superiores y actitud piadosa de seminaristas y sacerdotes.

A estos condicionantes se pueden unir otros que refuerzan aún más el talante clerical, como es la manera de entender la gracia del sacramento del Orden sacerdotal, en base al *ex opere operato*. En el sentir de algunos, dicha gracia sacramental cura automáticamente todas las dimensiones defectuosas de la personalidad del ordenado. Es decir, por medio de la ordenación, el neopresbítero aparece ontológicamente transformado en Cristo. De este modo, el sujeto puede llegar a considerarse capacitado automáticamente

15. C. BARRIONUEVO, *o.c.*, 161-189

para guiar a toda persona o comunidad que se le presente, teniendo autoridad y respuestas para todo, en nombre de Cristo. Con esta actitud, que en el fondo puede encerrar una dosis de prepotencia, se contribuye a reforzar la eclesiología en dos pisos de la que venimos de hablar. Este talante, en el fondo defensivo, lleva al rechazo de toda verdad diferente que pueda proceder de otro lugar, como una forma de autoafirmación que en el fondo oculta inseguridad (no estamos insinuando, ¡ni mucho menos!, que el ministro deba renunciar a la denuncia profética de los graves pecados estructurales que se dan en el mundo y en la sociedad).

A todo esto, habría que añadir la posibilidad de oscuras motivaciones escondidas bajo capa de vocación, como puede ser la incapacidad para abrirse camino en la sociedad con el esfuerzo y honestidad que lo hacen bastantes jóvenes en la vida civil. Con esa intención de fondo, se puede estar buscando en el sacerdocio un espacio seguro, un *modus vivendi*, donde encontrar el lugar confortable en el que tener asegurada una cierta estabilidad ventajosa. Este propósito, por muy disimulado que se presente, será la expresión de la herida narcisista que favorecer la actitud del llamado popularmente «cura de misa y olla», hombre probablemente mediocre, con apegos materiales, y situado en un cómodo *statu quo*. Por el otro extremo, también aparece el fenómeno del *carrerismo eclesiástico*, una forma de poder que un clérigo arribista puede ir buscando como objetivo prioritario de su vida.[16] C. Barrionuevo sintetiza la dinámica del *bypass espiritual* del clero abusador en los siguientes puntos:

16. Leopoldo Alas –*Clarín*– retrató magistralmente en la *Regenta* el tema del *carrerismo eclesiástico* en la personalidad del canónigo Fermín de Pas, inducido por una madre posesiva y ambiciosa. Esta percibe desde pronto que la carrera eclesiástica del hijo es la mejor manera de salir de la pobreza familiar. Para Fermín, el sacerdocio es, en el fondo, solo una forma de poder, siendo Ana Ozores (*la Regenta*), mujer vulnerable y religiosa, la víctima de dicho dominio. Las estrategias del canónigo son un ejemplo paradigmático de *abuso de poder espiritual*, en la línea de lo ya dicho por Martin Flesch. El marcado narcisismo clerical de Fermín va degradándolo hasta recordar al *psicópata integrado*, con frases del estilo: "yo vendo la Gracia, yo comercio como un judío con la religión". *La Regenta* muestra atinadamente, además, cómo una madre devoradora puede estar en el origen de la «vocación» interesada del hijo.

> Primero, hay una evidente negación –o por lo menos minimización– de las dimensiones humanas... Segundo, hay una sobre valoración inflada de la dimensión espiritual, que implica una visión romántica –cercana al pensamiento mágico– de cómo la espiritualidad se manifiesta e influencia la vida cotidiana. Tercero, dicho discurso explicativo sirve como autoexculpación de parte de las élites eclesiales, ya que dificulta la toma de responsabilidad adulta y seria respecto al problema de los abusos.[17]

Si las trampas de la espiritualidad están acechando siempre a cualquier persona que emprende un camino interior –y de una manera especial y significativa en el caso de los ministros de la Iglesia–, también en el compromiso aparecen autoengaños y manipulaciones. Somos cada vez más conscientes hoy en día de la posibilidad de un *narcisismo espiritual*, pero no resulta tan evidente el riesgo de un *narcisismo comprometido*, que es más difícil de detectar en esta sociedad, al potenciar el *hacer* en detrimento del *ser*. Como venimos diciendo, no cuestionamos la falsedad de una espiritualidad que no desemboca en el compromiso, pero nunca debemos olvidar que el ego manipula en su beneficio cualquier realidad humana por noble o sagrada que sea.

En este sentido, el yo egoico encuentra en la entrega voluntarista a los demás y en la actividad febril un excelente y aplaudido mecanismo compensatorio para robustecer una autoimagen que desea alcanzar por sí misma la plenitud. Una teología del compromiso y de la acción –muy bien acogida en los años 70 del pasado siglo–, parecía hacer equivaler *conversión* con *compromiso*. En este sentido, habría que tener muy presente el texto paulino: «Y si repartiera todos mis bienes a los necesitados; y si entregara mi cuerpo a las llamas, pero no tengo amor, de nada me serviría». (1Cor 13,3). Dicho de otra manera: podemos estar muy comprometidos y poco convertidos, ya que ambas realidades no son idénticas, aunque estén profunda e inseparablemente unidas entre sí. El *quid* de la cuestión radica en la motivación que lleva a ser personas compro-

17. C. Barrionuevo, *o.c.*, 167.

metidas; es decir: ¿de dónde brota el movimiento interior de entrega a los demás? Cuando el impulso obedece a la necesidad de autoafirmación egoica, la dinámica narcisista será inevitable, debido a que tal compromiso es la tapadera que oculta problemas de carencia y fragilidad soterrados, no reconocidos. En tales casos, como hemos ya indicado, cuanto más compulsiva es la actividad mayor es el distanciamiento de las heridas tempranas que no desean ser vistas ni atendidas. La necesidad de reconocimiento y valoración, la reparación de sentimientos de culpa inconscientes que tranquilicen la conciencia, la sumisión a un *superyó* que exige un moralismo voluntarista... constituirán, entre otros, los ocultos e inconfesables estímulos de un admirado activismo que puede parecer heroico.

C. Barrionuevo aborda con atención aspectos de la actividad, a veces febril, que los sacerdotes desempeñan como servicio a la comunidad a la que pertenecen. Para este autor, la vocación de servicio al prójimo del ministro ordenado le lleva a formar parte de las llamadas «profesiones de ayuda», entre las que se cuentan la medicina, la psicología, la enseñanza, los servicios sociales..., con toda la nobleza que, sin duda, representan. Pero también estos oficios ocultan su parte oscura, que induce a caer en el abuso de poder, como mecanismo de ocultación de las propias vulnerabilidades mediante las prácticas de compromiso con los demás.

En el caso del sacerdote, el abuso de poder puede afectar a las relaciones pastorales, dada la asimetría existente entre el ministro y los que acuden a él; especialmente en el acompañamiento personal, problema que se agrava en el caso de padecer niveles altos de narcisismo por parte del que acompaña.[18] Los enredos que entrañan los mecanismos de transferencia y contratrasferencia, que reavivan ocultos deseos infantiles por ambas partes, pueden llegar a convertirse en una perniciosa trampa que C. Barrionuevo reconoce estar subyacente en el tema de los abusos sexuales por parte del clero.[19]

---

18. Sobre las dificultades del acompañamiento, ver el detallado artículo: R. J. Meana, «El acompañamiento espiritual y los abusos de poder y de conciencia», en *Los abusos de poder, conciencia y autoridad en la Iglesia*, PPC, Fac. Teología Comillas, Madrid, 2023, 101-133.
19. C. Barrionuevo, *o.c.*, 189-233.

Por otra parte, la tendencia de las personas narcisista a la actividad, ya señalada anteriormente, queda confirmada por este autor en los siguientes términos:

> ...l a primacía que tiene para la personalidad narcisista el *hacer* en desmedro de la experiencia, espontánea y primaria, del *ser*... Personas aquejadas de narcisismo tenderán incluso a involucrarse, compulsivamente, en un sin fin de distintas acciones cotidianas, como forma de evitar la experiencia del vacío y depresión que subyace en su vivencia psíquica primal.[20]

En lo que se refiere a la labor de ayuda en el acompañamiento personal, el sacerdote debe tener una sólida consistencia y una suficiente preparación psicoespiritual y pastoral que lo capaciten en esa tarea, ya que no son pocos los riesgos que estas prácticas pastorales comportan. En este sentido, no solo C. Barrionuevo, sino también san Juan de la Cruz constata que no son pocos los ministros ordenados que carecen de la experiencia necesaria y la capacidad para llevar a cabo la tarea del acompañar a otros, con el consiguiente desarreglo que esta falta de preparación y de experiencia genera en la persona acompañada.[21]

3. Aprendiendo la sabiduría de los místicos. El paso por la «noche oscura»

La Teología cristiana, en sus diversas disciplinas (dogmática, bíblica, moral...), ha alcanzado en la actualidad cotas inigualables en el intento de hacer al hombre de hoy partícipe del Misterio

20. *Ibíd.*, 112.
21. Dice san Juan de la Cruz: «Algunos padres espirituales, por no tener luz y experiencia en estos caminos, antes suelen impedir y dañar a semejantes almas que ayudarlas en el camino», *Subida del Monte Carmelo*, Prólogo,4. Esta fue una de las razones por las que el santo escribió este tratado. Y en el comentario al poema *Llama de amor viva* (B), (3,59), el místico carmelita compara a los padres espirituales con los fariseos, por su falta de talento, su manera de tiranizar y por no entrar ellos ni dejar entrar a los demás por la puerta estrecha.

salvífico de Cristo. También la Teología espiritual o Teología mística se ha comprometido con esa tarea, pero, probablemente en los últimos siglos, su desarrollo y actualización en Occidente no ha estado tan a la altura de los demás saberes teológicos. A pesar de la sabiduría espiritual que los místicos cristianos nos han trasmitido a lo largo de la historia, la praxis cristiana –demasiado potenciadora de moralismo voluntarista–, ha descuidado la mística. Entre las causas de este olvido estaría la influencia ejercida por la *teología neoescolástica* –bastante racionalista y esencialista–, que ha propiciado una práctica religiosa encasillada en el cumplimiento y el mérito. Por otra parte, no habría que olvidar el elemento de sospecha que siempre los místicos han despertado en las instituciones religiosas, incluida la cristiana.

La mística cristiana comienza a redescubrirse en la actualidad, pues asistimos a un tiempo que se está abriendo a la espiritualidad, como vía de búsqueda de sentido existencial. La conocida expresión de K. Rahner también vale para el sacerdote, y podría parafrasearse de este modo: «el ministro del siglo XXI será místico o no será cristiano». Consideramos la mística una dimensión constitutiva del ser humano –con sus condicionamientos biográficos y psicológicos–, que lo une al Misterio y, a la vez, lo ancla lúcidamente en la realidad histórica, integrando de este modo trascendencia con inmanencia. Descubrimos afortunadamente hoy que la sabiduría de los místicos, considerada en otros tiempos exclusiva de un reducido grupo de selectos, está abierta a muchos, desplegándose en las realidades del día a día. Ya hemos señalado más atrás la necesidad de una mística integradora, como signo de autenticidad, que evite cualquier espiritualismo escapista y promueva el compromiso con las realidades históricas y sociales.

En el intento de perfilar algunas dimensiones esenciales de todo proceso místico, destacaremos a continuación la importancia que los espirituales cristianos han concedido siempre al *desapego* y al *silencio interior*. La tradición mística renana del siglo XIV, encabezada por el maestro Eckhart, hace hincapié en la radical necesidad del desapego o desasimiento como condición indispensable para adentrarse en el «hombre interior» o yo espiritual, desde el cual solamente es posible la unión con Dios. El proceso de desasimiento no puede proceder del ego voluntarista, en un intento imposible de conquistar a Dios exclusivamente desde el propio esfuerzo. El movimiento que desencadena la ascesis del desapego proviene del hombre interior, cuya sabiduría le hace saber que el apego es el poderoso mecanismo generador de deseos que robustecen el ego posesivo. Hoy sabemos que la dinámica del apego desmesurado genera fijación y adicción, comprometiendo el equilibrio psíquico y dificultando el proceso de maduración personal. Por eso concluye Eckhart: «En resumen, cuando miro todas las virtudes, no encuentro ninguna tan completamente inmaculada y tan capaz de relacionar con Dios como lo es el desasimiento».[22] San Juan de la Cruz llama a los apegos «apetitos», y dice de ellos que: *cansan, atormentan, oscurecen, ensucian* y *debilitan*.[23]

Para los místicos cristianos, el desapego no impide el uso de las cosas, el problema estriba en el apetito aditivo de ellas. Sin embargo, en el caso concreto de bastantes sacerdotes, los apegos más profundos no siempre están vinculados a realidades materiales, sino a las fijaciones religiosas e institucionales que esconden imágenes inmaduras de Dios. Estas pueden encontrarse bastante arraigadas, al obedecer a proyecciones de omnipotencia infantil, difíciles de detectar y superar.

Puede resultar chocante, incluso escandaloso para algunos pastores de la Iglesia, que los místicos cristianos se aparten de ciertas prácticas religiosas y representaciones de Dios construidas desde el gusto de los sentidos y el discurso mental. Aunque estos imaginarios religiosos sean comúnmente aceptados –incluso valorados– por la institución eclesiástica, los místicos nos recuerdan

---

22. Eckhart, *Tratados y Sermones*, EDHASA, Barcelona, 1983, 242.
23. *Subida del Monte Carmelo*, Libro primero, capítulos 6-10. Resulta sorprendente cómo san Juan de la Cruz, en el siglo XVI, detecta las sutilezas del narcisismo espiritual en los *apetitos religiosos*. En estos casos, la persona religiosa, queda atrapada inconscientemente por los *pecados capitales* en materia espiritual. Con tales prácticas engañosas, el sujeto cree que está dando culto a Dios, cuando en verdad es todo lo contrario, se está alejando de Él. (Ver tratado *Noche oscura*, Libro primero, capítulos 2-7).

insistentemente que algunas de estas prácticas e imágenes de la divinidad corresponden a estadios bastante inmaduros del camino espiritual. Por esta razón, no pocas veces se les ha tildado sospechosos de heterodoxia doctrinal. Se aproximan a los planteamientos de los «maestros de la sospecha» (Freud, Nietzsche y Marx), que establecieron las bases del ateísmo moderno, al desmantelar las imágenes inmaduras del Dios de la necesidad.[24] Sirva de ejemplo la conocida y radical expresión del maestro Eckhart referida al dios construido a nuestra imagen y semejanza: «Ruego a Dios que me libre de dios, porque mi ser esencial está por encima de dios».[25]

Es cierto que el proceso de desapego en general –y religioso en particular– no es fácil, pues supone la flexibilización y superación de creencias que pueden ser rígidas y estar bastante arraigadas, por haberse fraguado en etapas tempranas del desarrollo personal. Por eso se necesita de ayudas que hagan posible un recorrido psicoespiritual que no se desvíe por derroteros extremistas o perjudiciales.

Entre esos recursos, encontramos la práctica de la *oración contemplativa cristiana*, que tiene puntos de convergencia con la meditación zen y otras técnicas que se vienen extendiendo en nuestra sociedad. Se trata de una oración silenciosa en la que el sujeto calla para dejar que Dios se manifieste. La oración silente es un distanciamiento de la mente, que genera una apertura hacia dentro y hacia fuera, haciendo posible que Dios lo sea todo. Dicha actitud no puede llevarse a cabo desde el parloteo mental propio del yo psicológico, sino desde otro nivel más amplio de consciencia que

24. En este sentido resultan muy iluminadoras las reflexiones del teólogo O. González de Cardedal sobre la idea de Dios en san Juan de la Cruz. El mencionado autor concluye que la crítica de la modernidad al Dios cristiano, como el dios de la necesidad, habría tomado otro rumbo bien distinto si los «maestros de la sospecha» hubieran conocido la obra de san Juan de la Cruz. En los escritos del santo carmelita queda claro que Dios es aceptado no en función de las necesidades del hombre, sino por ser Él mismo. González de Cardedal dice al respecto: «San Juan de la Cruz, en este sentido, hubiera podido ser la otra desembocadura de la modernidad, ... porque reivindica al Dios real y vivo frente a toda pretensión humana tentada de proyectar en Él deseos y anhelos frustrados», en J. S. BÉJAR, *Donde hombre y Dios se encuentran*, Edicep, Valencia, 2004,199.

25. ECKHART, *o.c.*, 691.

genera quietud y capacidad de escucha. Las palabras sabias brotan siempre de ese silencio y retornan a él dando frutos que permanecen y transforman la vida.

La tradición de los Padres y Madres del Desierto (siglos III y IV), en el Oriente cristiano, y la guía espiritual de la obra *La nube del no saber* (siglo XIV), de un monje inglés anónimo, se están recuperando en la actualidad y sirven de orientaciones para el ejercicio de la contemplación silenciosa. Cuando esta práctica contemplativa pasa a ser un estado habitual, la mente deja de estar dispersa y se unifica, posibilitando la lucidez necesaria para discernir. Por otra parte, la contemplación saca fuera lo que hay en el inconsciente (en este sentido se parece a la terapia psicológica, pero actúa desde un horizonte más profundo), lo que permite reconocer y aceptar la sombra, en una integración psicoespiritual cada vez más lograda.

En la vida de muchas personas –también entre los sacerdotes– irrumpen crisis existenciales en las que parece que todo se derrumba, abriéndose el suelo que parecía proporcionar seguridad y sentido a la vida. Tales situaciones dolorosas representan oportunidades para dejar atrás un imaginario conocido, pero agotado en sus posibilidades, y poder transitar hacia otros horizontes de mayor plenitud, que aún no se han hecho presentes. Se necesita coraje para soltar la seguridad de lo viejo –ya caduco– y permanecer en la inestabilidad, hasta que lo nuevo que está por venir vaya abriéndose paso. Permanecer en esta incertidumbre irreversible es, a veces, la única posibilidad para «nacer de nuevo» (Jn 3, 3), muriendo al hombre viejo y a sus dimensiones religiosas, que van quedando atrás en vías de superación. Dichas crisis existenciales representan una bendición para que el ministro ordenado supere la condición de *funcionario eclesiástico* y el lastre clerical que constriñe el sacerdocio, posibilitando una apertura cada vez mayor al Evangelio.

Se trata de pasar por la «noche oscura», proceso existencial que san Juan de la Cruz describe minuciosamente en sus escritos. El santo carmelita ofrece valiosas claves interpretativas de esta travesía, ya que muestra un recorrido completo y detallado de esta evolución interior, en base a su propia experiencia.[26] El tránsito por la noche representa, de acuerdo con nuestro místico, un proceso de transformación total que comienza en las primeras etapas, las cuales suelen estar caracterizadas por frecuentes trampas religiosas. El paso por la noche supone una transformación total del hombre hasta alcanzar la meta: «la unión de amor con Dios», que afecta tanto al *sentido* como al *espíritu* (las dos dimensiones antropológicas reconocidas por el santo), necesitadas de purificación. En el dinamismo de este proceso intervine tanto el hacer del sujeto («noche activa») como el dejarse hacer por Dios («noche pasiva»).

No deja de resultar sorprendente que el componente pasivo de la noche suponga dos umbrales de paso: uno referido al sentido y otro al espíritu, por medio de los cuales se generan dos saltos cualitativos en el proceso transformador de la persona. Dicho de otra manera, gracias a la «noche pasiva del sentido» y a la «noche pasiva del espíritu», el sujeto accede a una nueva comprensión en la manera de entender a Dios y a sí mismo, que resulta ser gozosamente liberadora; por eso, la noche oscura deviene en «dichosa ventura». El psicoterapeuta Michel Washburn interpreta en clave psicológica el tratado *Noche oscura* de san Juan de la Cruz, en el que el santo carmelita describe con detalle los procesos padecidos en ambas noches pasivas.[27]

Para M. Washburn, la noche pasiva del sentido representa la pérdida de interés por logros sociales de dinero, prestigio e imagen, gracias al acceso a contenidos profundos del inconsciente –incluida la sombra–, que propicia un agudo conocimiento intuitivo de uno mismo. No es de extrañar, por tanto, que el místico carmelita considere «el conocimiento de sí y de la propia miseria» el preciado fruto de esta noche. M. Washburn interpreta este resultado como la integración de la persona en un plano superior de autoconocimiento. La noche pasiva del espíritu representa un proceso radical de

26. Cf. M. García Hernández, *Por las sendas de la noche. A zaga de san Juan de la Cruz*, san Pablo, Madrid, 2022.
27. M. Washburn, *Psicología Transpersonal. En una perspectiva psicoanalítica*, Liebre de Marzo, Barcelona, 1999.

muerte y resurrección; M. Washburn traduce esta transformación como el difícil y doloroso recorrido de atravesar y trascender el ego hasta alcanzar el núcleo no egoico de la persona.

A medida que se recorre el camino trazado por los místicos, desaparece la separación entre inmanencia y transcendencia, entre contemplación y compromiso. No hay dicotomía entre ellos; van siendo integrados en una síntesis armoniosa, porque son dimensiones que brotan de la misma realidad. Tampoco hay oposición entre silencio y palabra, entre cuerpo y alma. Silencio no es pasividad ni ausencia de sonido; es el espacio donde se gestan las verdaderas palabras que nada tienen que ver con palabrería. De la espaciosidad del silencio brota la sabiduría necesaria que permite afrontar las distintas actividades de la persona unificada, fuera de toda dispersión. Dicha sabiduría se vehicula a través de la corporeidad, pues cuando habitamos el cuerpo y entendemos su lenguaje, percibimos el murmullo del Espíritu que habita en nosotros. Estos procesos, aunque no alcancen su meta final, supondrán un saludable recorrido que ayude a desmontar el falso andamiaje del clericalismo y propicie la vivencia de un sacerdocio más configurado con el Evangelio.

EPÍLOGO

Lo que Vos queráis, Señor;
sea lo que Vos queráis.
(Juan Ramón Jiménez)

El aforismo de John Lennon: «La vida es aquello que te va sucediendo mientras tú estás ocupado en otros planes», bien podría mantener su significado cambiando algunas palabras: «...mientras tú apartas la mirada hacia otro lado». Un «tú» que nos representa a muchos, pues ¿quién no ha utilizado alguna vez el mecanismo del avestruz, escondiendo la cabeza, para no ver lo que sería necesario admitir, como una forma interesada de autodefensa? En la configuración de bastantes autoengaños se confabulan, a menudo, alambicados condicionamientos más o menos inconscientes. Estos suelen encontrar su explicación última en el miedo a afrontar la realidad que, de ser asumida, resultaría ser liberadora. Ken Wilber, el gran representante de la *Psicología integral,* dice al respecto: «La esencia de la represión consiste en mentirse a uno mismo sobre lo que realmente está ocurriendo en el propio psiquismo. Así es como se origina el *inconsciente personal,* un inconsciente que es, en parte, el *locus* de la mentira del yo».[1] Por tanto, no es infrecuente

1. K. WILBER, *Breve historia de todas las cosas,* Kairós, Barcelona, 2005, 219.

comprobar que la verdad que más libres nos hace sea la que más trabajo nos cuesta aceptar.

La total identificación acrítica con los esquemas de un orden establecido, mediante el cumplimiento estricto de normas y preceptos exigidos, es uno de los mecanismos más tentadores en la búsqueda de seguridad por encima de todo. No es extraño, en tales situaciones, que se recurra a la sumisión y al legalismo, que, en el campo religioso, anteponen la ley ritualista a la compasión humanitaria. Buen ejemplo de ello aparece en la actitud convencional del levita y el sacerdote de la parábola del buen samaritano, que los lleva a ambos a dar un rodeo y esquivar al hombre maltrecho, para no incurrir en impureza ritual (Lc 10, 25-37). Desde tales actitudes, no es posible encontrar la vida, pues nunca se ha estado dispuesto a perderla (Mt 10, 39). Lleva razón C. Barrionuevo cuando constata que, en bastantes casos, la institución eclesiástica está más preocupada por la propia imagen, empañada por los abusos sexuales del clero, que por la dolorosa situación en que han quedado las víctimas. Se trata de un síntoma inequívoco del clericalismo institucionalizado, como bien señala este autor.[2]

Desde la visión cristiana, solo un proceso sincero de conversión evangélica, que sea integrador, podrá deshacer los engaños que acompañan tantas veces al hecho religioso. Hemos repetido insistentemente que, a menudo, nos atrincheramos en posturas equivocadas, nada saludables, buscando a toda costa seguridades tranquilizadoras, las cuales también esconden intereses y deseos de poder, tan contrarios al mensaje del Evangelio. Sin embargo, y a la larga, estos mecanismos acomodaticios, que con frecuencia esconden frustraciones, se pagan a un alto precio: el de impedir vivir una vida en libertad, humanamente realizada, pues solo «la verdad os hará libres» (Jn 8, 32).

En este sentido, tanto la psicología como la espiritualidad remiten, como criterio de discernimiento, al reconocimiento lúcido del «principio de realidad», que nos capacita para afrontar la existencia y poder incidir positivamente en ella. Se trata de un movimiento

2. C. Barrionuevo, *o.c.*,147-152.

progresivo que corre a la par de la transformación interior y de la mayor autoconciencia, abiertas a la alteridad y al compromiso con los demás. En clave cristiana, el principio de realidad remite a la realidad que es Cristo (Col 2, 17), en un proceso evolutivo de *cristificación*, que consiste en dejarse configurar con el Hijo, pues somos hijos en Él (Ef 1, 5). Se va alcanzando por esta vía un descentramiento egoico que abre a la donación, y que culminará cuando «Dios lo sea todo en todos» (1Cor 15, 28).

Cuando el ministerio se configura solo en el estrecho marco del «funcionariado eclesiástico», difícilmente el sacerdote puede entender que el encuentro con Dios y con uno mismo requieran de la receptividad simbólica y de la percepción intuitiva. El símbolo incide en la vida de los seres humanos de un modo real y directo, pues no olvidemos que el imaginario religioso es constitutivamente simbólico. Si experimentamos, por ejemplo, que los relatos de la Sagrada Escritura nos leen a nosotros e interpretan nuestros propios relatos, se produce el milagro de la apertura y la transformación.[3]

Es siempre bueno recordar que la Escritura ofrece distintos niveles de comprensión simbólica, que despiertan la intuición, y que se van desvelando a medida que aumentan el desapego y la autoconsciencia. La sensibilidad por el símbolo no deriva del pensamiento, sino de la percepción, por con-naturalidad con lo conocido. Es la claridad de la consciencia que se gesta en una actitud de escucha, capaz de percibir con sutileza la verdad profunda que hay en lo escondido: «En verdad, Tú eres un Dios escondido» (Is 45,15). Es el descubrimiento de la «perla» y del «tesoro» por los que merece la pena entregarlo todo (Mt 13, 44-46).

Se necesita en la actualidad que el sacerdote sintonice con el símbolo, estrechamente vinculado con el proceso de integrar lo

---

3. Eugen Drewermann está firmemente convencido de los efectos sanadores que comporta la vivencia simbólica de los relatos bíblicos, los sacramentos y los sueños. Dice así: «Tan maravillosamente está constituida nuestra alma que, como el organismo corporal, dispone de unas fuerzas reguladoras para compensar sobre todo las enfermedades psíquicas mediante imágenes, sueños y reacciones inconscientes y opuestas. Y siempre serán imágenes cercanas a la religión», en E. DREWEMANN, *La Palabra de salvación y sanación. La fuerza liberadora de la fe*, Herder, Barcelona, 1966, 73.

humano y lo divino. En este sentido, hoy nos jugamos mucho en lo que a la manera de leer la Biblia y celebrar los Sacramentos (por desgracia, tantas veces cosificados por la rutina y el ritualismo), pues el símbolo realiza lo simbolizado, aunque nunca lo posea, al ser inagotable. Sin embargo, su misma presencia y realización conducen a horizontes cada vez más amplios, que remiten al misterio inefable de Dios y del hombre. Esta sensibilidad simbólica, libre de rígidos ritualismos, sería urgente desarrollarla, junto con una adecuada formación teológica, desde los seminarios y noviciados para no cosificar el Misterio. Supondría un buen antídoto para contrarrestar el narcisismo clerical que, desde tantos frentes, acecha a los que optan por el sacerdocio y a ministros ordenados.

En definitiva, parece que han llegado los tiempos en que es necesario cultivar una mística que sea «experiencia plena de la vida», como bien señaló Raimon Panikkar.[4] Es decir, una experiencia espiritual que integre cuerpo, mente y espíritu. Quizás solo de esta manera, el sacerdote seguirá siendo testigo de Jesucristo y ejemplo de una experiencia auténticamente religiosa, portadora de sentido y de liberación para el hombre de hoy. Experiencia cuyo impulso está grabado en lo más profundo del alma de los seres humanos.

Se acabó de escribir el 14 de diciembre de 2023,
festividad de san Juan de la Cruz

4. R. Panikkar, *De la Mística. Experiencia plena de la Vida*, Herder, Barcelona, 2005.

Títulos recomendados

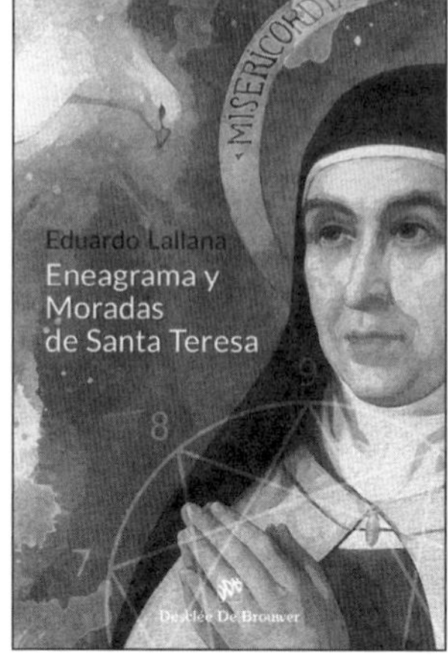

Colección: Caminos

ISBN: 978-84-330-3257-7

Páginas: 224

Encuadernación: Rústica

Formato : 14 x 21 cm

Edición: 1ª

Eduardo Lallana

Eneagrama y Moradas de Santa Teresa

Este libro relaciona las enseñanzas del Eneagrama y los contenidos y orientaciones que Sta. Teresa nos enseña en su obra Las Moradas del Castillo Interior. Ambos sistemas son una guía para el desarrollo de las personas hacia su plenitud humana y espiritual.

Se destaca la necesidad de diálogo entre estos dos modelos, las diferencias y coincidencias de fondo hacia la Unión, hacia la Plenitud. Para ambos es fundamental el autoconocimiento, la desidentificación del ego y el cultivo de las grandes virtudes, según Sta. Teresa: el desasimiento, la humildad y el amor, para llegar a la experiencia de Unidad o el matrimonio espiritual en la 7ª Morada de Teresa.

Al final el autor presenta su visión de las virtudes e ideas santas del Eneagrama (que él llama también sabias, sanas y solidarias), relacionándolas con las Moradas.

Querido lector, si eres un buscador, si procuras la transformación personal y social, si acompañas en ese mismo caminar a otros buscadores, creyentes o no, este libro es para ti.

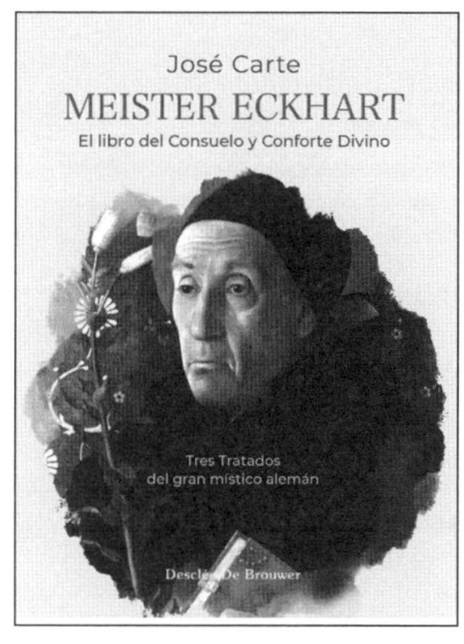

Colección: A los cuatro vientos
ISBN: 978-84-330-3279-9
Páginas: 128
Encuadernación: Rústica con solapas
Formato : 15 x 21 cm
Edición: 1ª

José Carte

Meister Eckhart

El libro del Consuelo y Conforte Divino

Meister Eckhart. El Libro del Consuelo y el Conforte Divino y los otros dos tratados que lo acompañan son una excelente muestra de los escritos místicos del Maestro Eckhart. Sus escritos y sermones fueron condenados por la Inquisición y mucho tiempo olvidados. Esta es la primera vez que se publican los tres tratados juntos en español. Con su obra, el Maestro Echkart intenta llevar a cabo exactamente lo que propone el título. Trata de infundir un gran consuelo y paz en el corazón de los lectores u oyentes y para ello utiliza todas sus artes: su conocimiento de las escrituras, su uso de la lógica escolástica, las paradojas y los aparentes contrasentidos, etcétera. Este libro se dirige a todos. También a los no creyentes o no cristianos y especialmente a quienes se consideran dentro de la espiritualidad, sea del signo que sea. Me gustaría de verdad que así fuese y que llegase a sus manos. Lo demás es trabajo del gran Maestro Eckhart.

Colección: Caminos
ISBN: 978-84-330-3269-0
Páginas: 248
Encuadernación: Rústica
Formato: 14 x 21 cm
Edición: 1ª

Philip Sheldrake

Un mundo transfigurado

El viaje místico

En una época en la que el cristianismo institucional experimenta un notable declive en Occidente, la mística emerge como un fascinante foco de espiritualidad que trasciende las barreras religiosas tradicionales. *Un mundo transfigurado* nos invita a explorar este renovado interés por la dimensión mística de la fe, presentando un enfoque accesible y estimulante que cautivará tanto a los lectores académicos como al público general.

Sheldrake no se limita a la mística cristiana, sino que incorpora influencias de otras tradiciones espirituales como la judía y la sufí, destacando la interconexión entre diversas prácticas religiosas. Citando al gran teólogo Karl Rahner, sostiene que «el cristiano del futuro será un "místico", es decir, alguien que ha experimentado "algo", o no será nada».

A través de cinco dimensiones de la mística, nos presenta un tapiz de experiencias que se integran en la vida diaria y afectan nuestras creencias, sean religiosas o seculares, invitándonos a trascender lo tangible y a profundizar nuestra comprensión del mundo y de nosotros mismos. Con un análisis profundo de las raíces y la continua relevancia de la mística, Sheldrake nos guía en la búsqueda de una experiencia espiritual auténtica y transformadora.

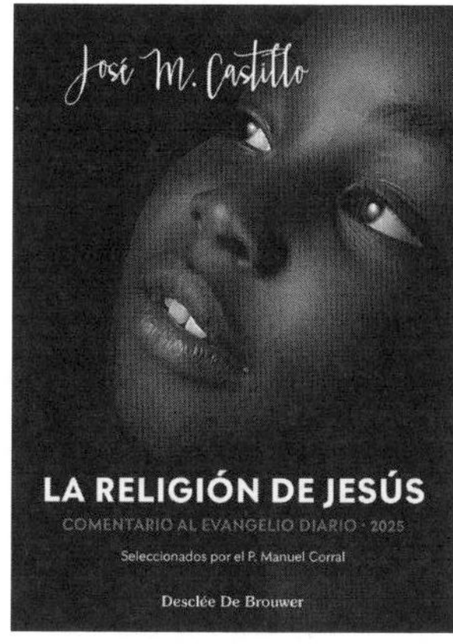

ISBN: 978-84-330-3287-4
Páginas: 472
Encuadernación: Rústica
Formato: 14 x 21 cm
Edición: 1ª

José María Castillo

La religión de Jesús

Comentarios al Evangelio diario 2025

Seleccionados por el P. Manuel Corral

Hace más de una década que José María Castillo nos ha venido deleitando con sus incisivas y profundas reflexiones en torno a las lecturas bíblicas del evangelio que la Iglesia propone en cada ciclo litúrgico.

Hoy, este gran teólogo ya no está físicamente con nosotros, pero sí en la mente y el corazón de muchos lectores que añoramos sus escritos. Por eso, la Editorial Desclée De Brouwer, con el afán de mantener viva la memoria y la obra de Castillo, ofrece para el próximo año, 2025, las diferentes reflexiones con sus respectivas lecturas del evangelio de cada día que nuestro querido autor vino realizando en el ciclo litúrgico C.

Amigo lector y seguidor del mensaje de la "Buena Noticia", ponemos a tu disposición estos materiales que, como podrás observar, están tomados literalmente de los diferentes libros que se habían ofrecido anteriormente en los ciclos C de la liturgia.

José María Castillo siempre tuvo su mirada en un punto fijo de su obra: "Mostrar la humanidad de Dios". Es decir, asumir el proyecto de Jesús, o sea, hacer del Evangelio el centro de la vida cristiana, más que la Religión con sus ritos y dogmas.

Esperamos que nuestro "querido teólogo del pueblo", J. M. Castillo, siga vivo en su obra en medio de todos nosotros.

Biblioteca Manual Desclée

Director de la colección Juan Antonio Estrada

ÚLTIMOS TÍTULOS PUBLICADOS

30. A LA SOMBRA DE TUS ALAS. Nuevo comentario de grandes textos bíblicos, por Norbert Lohfink
31. DICCIONARIO DEL NUEVO TESTAMENTO, por Xavier Léon-Dufour
32. Y DESPUÉS DEL FIN, ¿QUÉ? Del fin del mundo, la consumación, la reencarnación y la resurrección, por Medard Kehl
33. EL MATRIMONIO. ENTRE EL IDEAL CRISTIANO Y LA FRAGILIDAD HUMANA. Teología, moral y pastoral, por Marciano Vidal
34. RELIGIONES PERSONALISTAS Y RELIGIONES TRANSPERSONALISTAS, por Carlos Díaz
35. LA HISTORIA DE ISRAEL, por John Bright
36. FRAGILIDAD EN ESPERANZA. Enfoques de antropología, por Juan Masiá S.J.
37. ¿QUÉ ES LA BIBLIA?, por John Barton
38. AMOR DE HOMBRE, DIOS ENAMORADO, por Xabier Pikaza
39. LOS SACRAMENTOS. Señas de identidad de los Cristianos, por Luis Nos Muro
40. ENCICLOPEDIA DE LA EUCARISTÍA, por Maurice Brouard, s.s.s. (Dir.)
41. ADONDE NOS LLEVA NUESTRO ANHELO. La mística en el siglo XXI, por Willigis Jäger
42. UNA LECTURA CREYENTE DE ATAPUERCA. La fe cristiana ante las teorías de la evolución, por Raúl Berzosa (2ª edición)
43. LAS ELECCIONES PAPALES. Dos mil años de historia, por Ambrogio M. Piazzoni
44. LA PREGUNTA POR DIOS. Entre la metafísica, el nihilismo y la religión, por Juan A. Estrada
45. DECIR EL CREDO, por Carlos Díaz
46. LA SEXUALIDAD SEGÚN JUAN PABLO II, por Yves Semen (4ª edición)
47. LA ÉTICA DE CRISTO, por José M. Castillo (5ª edición)
48. PABLO APÓSTOL. Ensayo de biografía crítica, por Simon Légasse
49. EL CRISTIANISMO EN UNA SOCIEDAD LAICA. Cuarenta años después del Vaticano II, por Juan Antonio Estrada (2ª edición)
50. LITURGIA Y BELLEZA. Nobilis Pulchritudo, por Piero Marini
51. TRANSMITIR LA FE EN UN NUEVO SIGLO. Retos y propuestas, por Raúl Berzosa (2ª ed.)
52. LOS ESCRITOS SAGRADOS EN LAS RELIGIONES DEL MUNDO, por Harold Coward (Ed.)
53. ORIENTACIONES ÉTICAS PARA TIEMPOS INCIERTOS. Entre la Escila del relativismo y la Caribdis del fundamentalismo, por Marciano Vidal
54. PALABRAS DE AMOR. Guía del amor humano y cristiano, por Xabier Pikaza
55. ¿QUÉ SENTIDO TIENE SER CRISTIANO? El atisbo de la plenitud en el devenir de la vida cotidiana, por Timothy Radcliffe (2ª ed.)
56. EL DON DE LA VIDA, por José Vílchez
57. LA BIBLIA ANTES DE LA BIBLIA. La gran revelación de los manuscritos del mar Muerto, por André Paul
58. INTRODUCCIÓN AL NUEVO TESTAMENTO. Su historia, su escritura, su teología, por Daniel Marguerat (Ed.)
59. CELEBRAMOS LA VIDA. "Contemplando y predicando" 1206-2006, por Sor L. Caram

60. FUNDAMENTALISMO BÍBLICO, por Felipe Fernández Ramos
61. INTRODUCCIÓN AL ANTIGUO TESTAMENTO, por Thomas Römer, Jean-Daniel Macchi y Chistophe Nihan (Eds.)
62. LA BIBLIA. Introducciones y meditaciones de Anselm Grün, por Anselm Grün
63. LOS DIEZ MANDAMIENTOS. Entre el precepto y la sabiduría. Conversaciones con Richard Schneider, por Eugen Drewermann
64. PARA LEER LOS PADRES DE LA IGLESIA. Nueva edición revisada y aumentada por Guillaume Bady, por Adalbert-G. Hamman
65. EL TALMUD Y LOS ORÍGENES JUDÍOS DEL CRISTIANISMO. Jesús, Pablo y los judeo-cristianos en la literatura talmúdica, por Dan Jaffé
66. EL EVANGELIO Y LAS CARTAS DE JUAN, por Raymond E. Brown (2ª ed.)
67. TOLERANCIA CERO. La cruzada de Benedicto XVI contra la pederastia en la Iglesia, por Juan Rubio Fernández
68. UNA NUEVA OPORTUNIDAD PARA EL EVANGELIO. Hacia una pastoral de engendramiento, por Philippe Bacq y Christoph Theobald
69. LA ESPIRITUALIDAD CONYUGAL SEGÚN JUAN PABLO II. por Yves Semen
70. EL APOCALIPSIS DE LA IGLESIA. Cartas a las comunidades, por R. Pérez Márquez
71. DE LA SALVACIÓN A UN PROYECTO DE SENTIDO. Por una cristología actual, por Juan Antonio Estrada
72. LA CONVERSIÓN DE AURELIO AGUSTÍN. El proceso interior en sus *Confesiones*, por Romano Guardini
73. ORACIÓN Y EXPERIENCIA DE DIOS. Pedagogía Teresiana, por Félix Azurmendi
74. CREER EN EL DIOS QUE VIENE I De la creencia a la fe crítica, por J. Moingt
75. EL ENIGMA DE LA BELLEZA. Ensayos estéticos, por Alfonso López Quintás
76. LA RESPONSABILIDAD ÉTICA EN EL MINISTERIO SACERDOTAL. El arte de servir, por Roberto Noriega, OSA
77. LA MISERICORDIA, LOS POBRES Y EL REINO DE DIOS, por J. M. Andueza
78. EL AMOR EN LA FAMILIA SEGÚN JUAN PABLO II, por Yves Semen
79. EL PAPA FRANCISCO. El legado del Vaticano II, por Eduardo J. Echeverria
80. SOBRE SAN AGUSTÍN. Un enfoque renovado y vivificador del pensamiento agustiniano, por Rowan Williams
81. LA BELLEZA DE LA FE. Romano Guardini, en su plenitud, por A. López Quintás
82. EL ESCÁNDALO DE LOS ESCÁNDALOS. La historia secreta del cristianismo, por Manfred Lütz
83. LOS EJERCICIOS DE IGNACIO DE LOYOLA. Vigencia y límites de su espiritualidad, por Juan Antonio Estrada
84. FILOSOFÍA VIVA. Una iniciación a la vida filosófica, por Alejandro Moreno Lax
85. NEWMAN. El corazón de la santidad, por Roderick Strange
86. JESÚS Y LA IGLESIA. Del proyecto mesiánico a la religión cristiana, por Juan Antonio Estrada
87. CUANDO LA IGLESIA ERA DEMOCRÁTICA, por Rafael Pardo Fernández
88. SUEÑOS Y TRAVESÍAS. Claves e itinerarios para una mistagogía con jóvenes, por Santiago García Mourelo
89. ORANDO CON SAN MARCOS. Lectio Divina, por Antonio Rodríguez Carmona
90. TRES MUJERES JUDÍAS REPIENSAN A DIOS. Edith Stein, Simone Weil y Etty Hillesum, por Carlos Domínguez Morano
91. UNA MIRADA QUE TRANSFORMA. Itinerarios bíblicos, por Francesco Cocco
92. LAS RAÍCES DEL CLERICALISMO. Acerca de la herida narcisista, por Manuel García Hernández